L'italia All'alba Del Secolo Xx: Discoursi Ai Giovani D'italia

Francesco Saverio Nitti

35

BIBLIOTECA DI SCIENZE
SOCIALI E POLITICHE

FRANCESCO S. NITTI

L'ITALIA

ALL'ALBA DEL SECOLO XX

Discorsi ai giovani d'Italia

Casa Editrice Nazionale
ROUX e VIARENGO
TORINO · ROMA

A

FRANCESCO S. NITTI

L'ITALIA

ALL'ALBA DEL SECOLO XX

Discorsi ai giovani d'Italia

1901
Casa Editrice Nazionale
ROUX E VIARENGO
TORINO - ROMA

———

PROPRIETÀ LETTERARIA

———

(2398)

Ai giovani d'Italia

O giovani d'Italia, giovani che sentite il bisogno di una vita nova, anime nuove che la verità può conquistare, questo libro io dedico a voi.

Quando parlavo al pubblico di Napoli, io sentivo di parlare a voi: io sentivo che la mia anima comunicava con le vostre.

O giovani d'Italia, non amate ciò che è vano, non amate ciò che è vecchio. L'Italia nostra ha la sua povertà presente ed è rude peso; ma ha un peso assai più duro sotto cui piega ed è il pregiudizio. Non riesciremo a liberarci almeno da esso? Ogni passo che faremo sulla via della sincerità e della verità sarà un passo fatto sulla via della ricchezza.

Nel 1812 Gottlieb Fichte, già illustre per opere grandi e più illustre ancora per grandezza d'animo, rivolgeva i suoi memorabili Discorsi alla nazione alemanna. Lo straniero era allora nelle mura di Berlino e *Fichte*, con l'anima in pena, indicava ai giovani nuovi la via dell'avvenire. « *Dipende da voi, egli diceva, di essere un popolo spregevole e che sarà disprezzato dai popoli futuri; dipende da voi di essere i primi nati di un nuovo popolo da cui la posterità dovrà datare la sua redenzione »*.

L'Italia non ha gli stranieri nelle sue mura; ma ha la sua povertà, ha le sue tradizioni di faziosità e di violenza, ha il peso dei suoi pregiudizi. È fra i grandi paesi quello dove si uccide di più; è anche fra quelli dove più nelle menti del popolo germina l'errore e fermentano la ignoranza e la violenza. Bisogna concentrare tutte le forze per uscire da questo stato. Se le idee conducono gl'individui e i popoli è a patto ch'esse siano caro de carne nostra, ch'esse si uniscano ai nostri sentimenti e determinino le nostre azioni. Non basta parlare, bisogna sopra tutto agire; ed è tanto più necessario dove la parola è facile e l'azione è lenta.

Colui che vi parla, o giovani, non ha altro diritto di rivolgersi a voi fuori la sua sincerità: fuori il suo amore di ciò che è vero e di ciò che è sano. E niuna cosa più gli duole che la sua oscurità, la quale gli impedisce di parlare a voi come *Fichte* parlava al popolo tedesco. Pure se vi si rivolge con tutta la fede è perchè sente di rappresentare i bisogni e le tendenze della nuova Italia.

Non sperate, o giovani, che in voi stessi; nulla attendete dagli uomini del passato; voi che siete la verità e la forza, non vi rivolgete addietro se l'avvenire vi tenta.

Se voi seguirete il popolo nostro, che vi ha tracciato la via; se più che i vani esercizi della parola amerete piegare le menti alla ricerca e indagare le verità della scienza; se abbandonerete questa inedia che corrompe e uccide; se diventerete industriali e commercianti e non amerete che il lavoro; se farete dischiudere le energie nazionali ancora latenti; voi farete grande questa Italia per la terza volta.

E se fra un secolo la lingua italiana sarà parlata da 100 milioni di uomini in Europa ed in America; se lo sviluppo futuro della scienza ci affrancherà del tutto dalla soggezione presente; se noi non saremo più un popolo di povertà e di tristezze, sarà merito vostro o uomini nuovi, o uomini della nuova Italia, che avete l'avvenire nelle mani e che non dovete amare se non ciò che è vero ed è forte.

Napoli, il giorno di Pasqua di Risurrezione del 1901.

F. NITTI.

AVVERTENZA.

Questi discorsi furono pronunziati nel gennaio del 1901 alla Società per la diffusione della cultura in Napoli. Pubblicandoli quasi integralmente ho cercato solo di arricchirli di alcuni elementi che poteano rendere i confronti più facili. Ho rilegato in appendice la più gran parte delle cifre, perchè esse siano prova di ciò che è detto, ma non rendano difficile la lettura dei discorsi. Ho cercato di ridurre al minimo le indicazioni bibliografiche.

———

DISCORSO PRIMO

La ricchezza dell'Italia.

DISCORSO PRIMO

La ricchezza dell'Italia.

Pochi paesi sono più malcontenti dell'Italia: e se il malcontento, com'è stato detto, è segno di progresso e indice di elevazione, noi siamo veramente un paese da invidiare. Pur troppo però il nostro malcontento non deriva sempre in noi da cause buone, non è sempre indice di un desiderio di espansione e di ricchezza; è un malcontento fatto di rimpianti e di illusioni. Noi rimpiangiamo le cose morte e illudiamo gli altri e noi stessi sulla situazione nostra e sul nostro avvenire. Sopra tutto impera un equivoco che è ragione prima di tutte le nostre difficoltà; un equivoco che nuoce a noi più che i nostri mali, l'equivoco della ricchezza e della grandezza.

Una generazione di uomini, che non conosce la vita, anzi che non è la vita, una generazione che ha succhiato nei primi anni il veleno di un'educazione fatta di pregiudizi, ha ancora il governo dell'Italia nelle mani; ma il Governo è poca cosa e poco ci attristerebbe se si trattasse solo di esso; ma questi uomini hanno, ciò che è assai peggio, l'opinione del pubblico.

L'Italia è sotto il peso di due illusioni anarchiche e l'una è peggiore dell'altra: l'illusione della ricchezza naturale del paese nostro; l'illusione della naturale superiorità nostra su altri popoli. E poichè il contrasto della realtà è amaro, noi non osiamo entrare in essa, e l'equivoco perdura e attribuiamo i mali nostri non a noi stessi ma agli altri; non al nostro torpore, ma alla incapacità di chi ci governa; e invece di guardare arditamente all'avvenire, rimpiangiamo il passato, come i nobili che decadono, come i popoli che dopo aver consumato il patrimonio di avi illustri, speculano ancora sul loro nome.

Ancor di recente qualcuno, che mai in sua vita piegò la fronte al lavoro, che non ricercò mai la verità nei libri nè nella vita, affermava ai deputati italiani che niuna cosa fosse meno vera, come la povertà dell'Italia; ed egli era applaudito da molti che sapevano meno di lui, o che più di lui volevano perdurare nell'equivoco. Or chi parlava e coloro che lo applaudivano, che cosa sapevano? sapevano essi, come il popolo italiano delinque? sapevano come per povertà si muore sotto clima mite assai più che nei gelidi paesi senza sole? avevano essi avuto fremiti di dolore leggendo ciò che altri scrive di noi e della gente nostra fuori d'Italia? si eran mai data la pena di indagare lo stato di una sola industria?

Essi non sapevano nulla, non aveano mai cercata la verità, nè forse sono in grado d'intenderla.

La nostra educazione scolastica e la nostra vita pubblica, ove si aborrono le responsabilità e si ama il viver quieto, fa attribuire il successo o l'insuccesso non a noi stessi, ma a coloro che ci circondano. Noi crediamo che vincere sia fortuna e perdere sia sventura. Fortuna e sventura sono parole usate in senso lato; come simpatia e antipatia; parole che esprimono quasi sempre una concezione inferiore della vita. Noi parliamo spesso della *fortuna* dei tedeschi;

e non vediamo con quale sforzo perseverante il popolo germanico, ieri ancora povero e disunito, abbia conquistata una grandezza economica, che per la sua rapidità di sviluppo quasi non ha esempio in questa vecchia Europa. La salvezza è in noi stessi: e noi la cerchiamo in uomini provvidenziali o in avvenimenti casuali.

Non vi è quasi avvenimento che interessi l'anima nazionale, o l'avvenire del paese, in cui non si ripeta che manca l'uomo. L'uomo è in noi stessi, può esser dato dallo sforzo di tutti, dalla coscienza di tutti: e noi lo attendiamo invece come una forza operante all'infuori di noi.

Forse ciò dipende dal modo come la storia antica ci è stata insegnata nelle scuole; forse più ancora da una esagerazione della tesi eroica nella storia contemporanea.

Io ho mostrato altrove (1) che, nei paesi moderni, quelli i quali hanno più grande numero di eroi sono anche quelli in cui la coscienza collettiva è più bassa. L'eroe è colui il quale fa da solo ciò che altri dovrebbe fare: è dunque l'espressione del paese che si rassegna, delle genti in cui la coscienza individuale è debole; che non sono ancora entrate nella civiltà, o che vi sono entrate male. I paesi forti possono avere grandi scienziati, grandi politici, grandi guerrieri, se è necessario; ma non hanno bisogno di eroi. La Germania progredita dà Moltke e Bismarck: cioè due sa-

---

(1) Nella mia conferenza su *gli eroi*, nella rivoluzione unitaria (editore Bemporad, Firenze), notanto i pericoli della tesi eroica, aggiungevo: Quelli uomini i quali a noi pare che abbiano guidato il mondo, sono essi medesimi l'espressione di bisogni di società e di popoli determinati. Gli stessi uomini che ci sembrano più fuori e al di sopra del loro tempo, ne sono stati l'espressione. Noi non possiamo concepire Garibaldi nelle circostanze attuali: farebbe egli l'ostruzionismo? Sarebbe egli contro? Si occuperebbe di che cosa? Se Napoleone fosse nato in India o in Cina, che cosa sarebbe stato? Nulla forse. Quella vita che è stata uno dei più grandi fatti storici, sarebbe stato un piccolo fatto biologico, la nascita e la morte di un individuo tra le migliaia di milioni che occupano il mondo ».

pienti, che dirigono lo sforzo collettivo della nazione. L'Italia, per risorgere, poichè la coscienza collettiva era scarsa, ha avuto bisogno di eroi: invochiamo adesso gli uomini provvidenziali, perchè abbiamo poca fede in noi stessi.

Peggio ancora, noi abbiamo ereditato dal passato una concezione che oramai non solo è arcaica, ma è assurda. *Noi crediamo*, e in ciò è tanta parte dei nostri errori, *che l'Italia sia naturalmente un paese ricco;* che soltanto dominazioni passate e tristizie di governi presenti tolgano al nostro paese le infinite ricchezze che la natura gli concesse. Parliamo del nostro sole, del nostro mare, della nostra terra, come se l'Italia dovesse ritrarre da essi ricchezze incalcolabili.

Poichè abbiamo molte coste (troppe forse) che con il piccolo cabottaggio erano ragione di superiorità, sì come in Grecia, crediamo che questo solo fatto costituisca una superiorità nel commercio marittimo moderno; abbiamo il sole e crediamo avere la ricchezza. Chi appena ha guardato la carta geografica dell'Italia sentenzia che l'agricoltura e il commercio, l'aratro e la vela, devono essere la ricchezza futura del nostro paese.

Si aggiunga che noi siamo un popolo estremamente orgoglioso e insofferente di disciplina sociale: nel fondo dell'anima ogni italiano crede di non avere nella società il posto che gli spetta e non accusa sè stesso, ma gli altri. Etnicamente noi rassomigliamo assai poco ai romani; forse non più che altri popoli; pure crediamo discendere da essi e ci pare che la loro storia ci riguardi, come quella dei nostri antenati.

Come nei sommari di storia popolare le gesta dei romani nell'antichità sono messe a fianco di quelle dei veneziani, dei liguri, ecc., nel medio evo, così nella concezione comune quanto è avvenuto su questi 300.000 chilometri quadrati che sostengono gli italiani, è fuso in uno solo errore di grandezza.

Le esagerazioni eroiche, mentre hanno indebolito il sentimento della solidarietà e della disciplina, o almeno non ne hanno consentito lo svolgimento, hanno mantenuto nella nazione un senso di faziosità, che costituisce la maggiore nostra debolezza.

I nostri uomini di Stato fanno d'ordinario assai male; ma anche chi non ha alcuna scienza di governo crede che farebbe assai meglio. Basta entrare in un pubblico ritrovo per sentire: — Se io fossi Saracco! se io fossi Sonnino! se io fossi Giolitti!

In quel bellissimo libro sulla Francia sir John Bodley dice che questa è la malattia dei popoli di educazione latina. Che se si chiede a cento anglo-sassoni se essi si sentano in grado di far meglio dei governanti del loro paese, novantanove rispondono no, e se si chiede a cento francesi novantanove rispondono sì. In Italia si può dire che cento rispondono tutti sì (1).

E bene, in queste due concezioni, egualmente erronee, è gran parte della nostra inferiorità; e dove esse più prevalgono in Italia, lo sviluppo è minore.

Ond'è che è bene guardare nel fondo di queste cose e di studiarle al lume della ricerca scientifica.

È l'Italia un paese ricco? o per dir meglio è l'Italia un paese in cui la natura ha creato condizioni di esistenza facili? Nè l'una cosa, nè l'altra. La tradizione antica ci fa ancora credere che l'Italia sia *magna parens frugum:* paese prediletto dalla natura, per dolcezza di clima, per fertilità di terra, per facilità di traffici.

Una citazione di Catone o di Columella basta spesso a riempirci di soddisfazione; se si aggiunga qualche testimonianza di Plinio ci pare che si possa rimanere al sicuro. Or ricordando gli antichi noi non pensiamo che il fatto stesso

---

(1) JOHN E. COURTENAY BODLEY: *France*, 2 vol., London, 1898.

di poter citare epoche così remote di fertilità non costituisce ragione di letizia: e non pensiamo nè meno che quegli scrittori parlavano di fertilità in rapporto a un piccolo mondo e in condizioni *interamente diverse* di produzione e di scambio.

D'altra parte fra le condizioni del passato e le odierne esiste una diversità profonda.

Ora veramente, fino a qualche secolo fa, l'Italia aveva su gli altri paesi cause notevoli di superiorità economica. Fino all'inizio della storia moderna il mondo conosciuto aveva la chiave di volta nel bacino del Mediterraneo. Tutto il commercio era mediterraneo. L'Italia, densa di uomini, con coste estesissime, messa nel centro di tutti gli scambi, circondata da paesi poco densi e produttori di materie prime, con clima mite, avea grandi ragioni di superiorità. Le grandi vie dell'Europa centrale erano appena tracciate; difficile ai mercanti di penetrare. E l'Italia invece, per la sua struttura geografica, parea aperta a tutti i traffici. Le manifatture locali assai facilmente prosperavano: veneziani e liguri faceano commercio dovunque e i lombardi portavano dovunque la loro abilità di finanzieri e di banchieri.

Più di una volta l'Italia funzionò come un gigantesco parassita de' popoli mediterranei, di cui spesso esaurì le risorse e potè in questo modo assicurare la sua grandezza politica e artistica (1).

È bene tutto questo è venuto a finire.

Dopo la scoperta dell'America e delle terre nuove dell'Australia, dopo la progressiva invasione dell'Asia e dell'Africa, il commercio del mondo si è spostato. Il più grande traffico oramai è oceanico e il Mediterraneo è diventato un grande lago, la cui importanza *relativa* ha avuto una continua tendenza a discendere. I tre paesi del mondo che hanno un'azione commerciale più grande, l'Inghilterra, gli Stati

(1) Cfr. PARETO: *Cours d'économie politique*, § 450; VON DEN HELLEN, pag. 8 e seg., ecc.

Uniti, la Germania, operano ed opereranno forse in avvenire anche più all'infuori del Mediterraneo.

Pochi anni or sono noi abbiamo celebrato in Italia grandiose feste centenarie in onore di Toscanelli, di Colombo, di Vespucci: e abbiamo, senza pensare, celebrato la causa prima della nostra decadenza.

La civiltà, dicea Bacone, è l'arte di economizzare le forze.

Ora le modificazioni, anzi le trasformazioni fondamentali avvenute nei modi di produrre la forza, determinarono fin dal principio del secolo scorso una inferiorità nuova.

Messa fuori dei grandi traffici, l'Italia cui sovrastava il peso di male signorie, di dominazioni straniere, di ordinamenti cattivi, avrebbe potuto nondimeno trovare dentro di sè energie nuove. Ma allo aprirsi del secolo XIX alle altre si aggiungeva una ragione di inferiorità gravissima, non ancora superata.

In passato l'agricoltura era, se non l'unica fonte di ricchezza, quella che tutte le altre di gran lunga soverchiava. E la produzione della ricchezza era basata in gran parte sull'energia animale: la vela avea utilizzato il vento, ma il muscolo dell'uomo o il muscolo dell'animale erano in tutte le industrie la causa efficiente della produzione. Come la mano del contadino apriva le zolle della terra; la mano del tessitore moveva il telaio.

E bene al principio del secolo scorso tutto è venuto a mutare. La scoverta del vapore da prima, poi la utilizzazione di numerose energie naturali, hanno spostato le basi della produzione.

Si può dire che la storia economica dell'umanità si divida in due grandi periodi; nel primo la produzione si è basata sui muscoli, nel secondo su energie naturali asservite dall'uomo.

La terra si è aperta e ha dati i suoi tesori. Alcuni paesi come l'Inghilterra, come la Germania, come gli Stati Uniti, possedevano già il ferro in grande quantità: le viscere della terra si sono nuovamente dischiuse e hanno dato il carbone.

2 — F. S. Nitti.

.

E così in cinquanta anni centinaia di migliaia di officine sono sorte nei paesi che possedevano i due diamanti neri: il carbone e il ferro. L'Inghilterra sopra tutto ha potuto essere facilmente il gran telaio e la grande fucina del mondo. La produzione non è stata più individuale: la grande fabbrica si è sostituita alla piccola, il grande motore alle braccia.

Vi sono ora cinque grandi paesi produttori di carbone: l'Inghilterra, gli Stati Uniti d'America, la Germania, la Francia e il Belgio: i tre primi sopra tutto danno la più gran parte della produzione del mondo. E sono essi che danno anche la produzione industriale più esuberante. Ora noi dobbiamo comprare all'estero, dando prodotti agricoli, o manifatturati, da centocinquanta a duecento milioni di carbone fossile e oltre 80 milioni di ferro; in avvenire dovremo forse di più; se non sapremo, nazionalizzando l'energia idro-elettrica, aprire nuovi orizzonti alla vita italiana.

Così queste meraviglie di un mondo morto da migliaia di secoli, che sono venute a creare le meraviglie di un mondo nuovo, non hanno accresciuto in alcuna guisa la nostra posizione *relativa* nel mondo: anzi l'hanno diminuita.

In trenta anni di trasformazioni profonde dal 1868 al 1898 sono state scavate dalla terra masse enorme di carbone: l'Inghilterra che scavava 103 milioni di *long tons* nel 1868 avea spinto la produzione nel 1898 a 202; gli Stati Uniti sono passati nello stesso periodo da 31 milioni di *short tons* a 219; la Germania da 32 milioni di tonnellate metriche a 130; la Francia da 13 milioni a 32; l'Austria Ungheria da 7 a 35, la Russia da una produzione quasi nulla a 112, il Giappone a 5, ecc. L'Italia rimane tra i paesi che producono meno, perchè meno la natura concesse; da 51.000 tonnellate è passata a 341.000: quantità quasi trascurabile e che rappresenta presso a poco $1/_{800}$ della produzione del mondo (1).

_____

(1) Cifre della *Geological Survey*, pubblicate nel *Monthly Summary of Commerce and Finance of the United States*, nel 1899. In-

Nè nelle viscere della terra italiana la natura ha deposto il ferro se non in quantità minima.

La nostra produzione di minerali di ferro è scarsa : appena $^1/_{360}$ della produzione del mondo: mentre l'Inghilterra, gli Stati Uniti e la Germania danno da soli assai più che la metà di tutto il ferro prodotto nel mondo. Piccoli paesi, aperti ancor ieri al traffico, danno già più ferro di noi.

Il resto della produzione mineraria italiana rappresenta un valore scarso: la natura non ci concesse che lo zolfo e ci negò quasi ogni ricchezza sotterranea.

I paesi che hanno il carbone in maggiore quantità sono anche quelli che hanno il ferro : così l'industria può formarsi e vivere in condizioni estremamente vantaggiose.

L'Italia, all'aprirsi del secolo XIX, nel dischiudersi meraviglioso di tante energie, nella lotta per il dominio delle forze naturali, si trovò impreparata. Le sue condizioni politiche tristissime resero la impreparazione anche più penosa. Si aggiunga ancora il peso della tradizione. È grande onore discendere da antica famiglia e nobile: sopra tutto per chi sappia un bel nome sostenere con dignità. Ma anche si è spesso meno liberi. Si piega sotto il peso del passato. Sono i figliuoli delle persone ignote quelli che nella lotta raggiungono quasi sempre la vittoria; o che per lo meno si battono con più ardimento.

Ora fra il 1810 e il 1860, quando tutta l'Europa occidentale del centro e del Nord compieva la sua più larga trasformazione, l'Italia rimaneva quasi immobile, poichè le lotte per l'unità e per l'indipendenza assorbivano le energie migliori.

———————————   •

teressantissima in tutta l'azione che ha avuto il carbone nell'industria e nel commercio del mondo: E Lozé: *Les charbons britanniques et leur épuisement. Recherches sur la puissance du Royanne Unit de Grande Bretagne et d'Irlande.* Paris, Béranger, 1900, 2 volumi di pagine 1229.

D'altronde l'agricoltura italiana, che avrebbe dovuto produrre più intensamente, dopo alcuni periodi di floridezza, parea stancarsi e cercava riparo più nelle barriere doganali che nelle sue energie intime.

Questa povera terra è stata calcata da troppe genti: da trenta secoli nessun paese d'Europa ha sostenuto più genti che questo suolo italico: nessuno forse ne ha sostenuto la metà. Soggetta a culture di rapine, la terra ha dato ciò che poteva: e dove nuovo nutrimento non ha avuto, si è accasciata.

Da osservazioni fatte nel periodo 1886-1895, risulta che l'Italia è fra i paesi d'Europa in cui la raccolta media dei cereali è minore rispetto al territorio coltivato. Un ettaro di terra dà nei Paesi Bassi tre o quattro volte più grano che in Italia: e la terra dà più che da noi quasi dovunque. La mitezza della temperatura permette alcune culture e industrie agricole ricche: come la vigna, come gli agrumi, come la cultura e l'allevamento del baco da seta. Ma in generale la terra italiana, sopra tutto nel Sud, non ha avuto o non ha più una grande fertilità naturale.

L'introduzione dei concimi chimici, per cui si cerca di restituire alla terra, almeno in parte, gli elementi fertilizzanti che le culture le hanno tolti, rappresenta un fatto recente: e d'altronde non ha potuto avere larga estensione in Italia, per l'ignoranza in cui sono in molta parte gli agricoltori della penisola, per i sistemi d'affitto, per la mancanza di capitali da parte dei coltivatori di molte regioni. Dove i concimi chimici sono stati introdotti largamente e l'opera di ricostituzione più o meno generale è avvenuta, le condizioni sono migliorate; ma si tratta di poca parte del territorio nazionale e già in condizioni migliori delle altre. D'altronde questa cultura che assume un carattere sempre più industriale e che deve assumerlo per resistere, non solo ha bisogno di capitali, ma di educazione: e l'una e gli altri devono formarsi a traverso tutto il peso della tradizione e tutti gli ostacoli della concorrenza dei paesi nuovi, che sfruttano la fertilità della terra nelle condizioni più vantaggiose. Nessuno nega che i concimi abbondanti e il miglioramento delle culture possano rendere la terra più feconda. Ma non è meno vero che questa cultura *industriale* deve resistere alla concorrenza di paesi che sfruttano la fertilità naturale del suolo, e che l'esempio dell'Inghilterra, ove l'agricoltura più intensiva si dibatte in difficoltà grandi, non è senza tristezza per coloro i quali credono ancora che l'Italia possa essere nell'avvenire un paese prevalentemente se non quasi esclusivamente agricolo.

Si aggiunga ·che l'agricoltura è fatta in gran parte di acqua e che molte regioni d'Italia ne sono poverissime. Come l'acqua, entra in gran quantità nella composizione del corpo umano, il consumo che ne fanno le piante è enorme. Brunhes calcola che l'evaporazione, la quale si produce sulla parte aerea delle piante, è di oltre un milione di chilogrammi per un ettare coltivato a grano e per oltre due milioni di un ettare coltivato ad avena.

Inoltre su gran parte del nostro suolo pesa inesorabile la malaria e distribuisce, sopratutto nel Mezzogiorno, la popolazione in una forma quasi ignota altrove e dannosissima alla produzione. E della malaria poco si è saputo finora e i modi di combatterla e di reprimerla sembrano tuttavia incerti.

Ora fra le grandi nazioni d'Europa, l'Italia che è la più densa di uomini dopo l'Inghilterra (e per ragioni che diremo anche più dell'Inghilterra), *è la sola* che abbia la malaria su vastissima parte del territorio: e se i politicanti ogni tanto promettono la fine della malaria, nessuno può negare che essi non possono nulla e che solo adesso la ricerca scientifica comincia a illuminarci sulle cause di questo tristissimo malanno della vita nazionale, che è il vero e più terribile tormento di tutto il Mezzogiorno e di gran parte dell'Italia centrale e delle isole.

Ora dunque l'Italia è naturalmente, nelle condizioni attuali della produzione, un paese povero.

Si aggiunga che si deve lottare contro paesi nuovi, ove la terra non ha ipoteche, e non ha nè meno la ipoteca del passato. Si deve lottare con paesi dove esistono territorii a unità di cultura grandi quanto più le grandi regioni d'Italia.

Oramai nell'industria i popoli più progrediti hanno accumulato tesori d'energia. Hanno asservito forze naturali che parevano invincibili: hanno strappato dalle viscere della terra i tesori che vi erano accumulati. Così l'energia umana si dirige sempre più in alto: diventa ogni giorno direttiva di forze naturali.

Le grandi energie impiegate nell'industria esprimono una potenza che ha qualche cosa di fantastico. Il numero di cavalli vapore prodotti da forze motrici termiche e idrauliche asservite all'industria, rappresenta un'energia di gran lunga superiore a quella che avrebbero tutti gli uomini del mondo uniti assieme, se non dovessero servirsi che dei loro muscoli.

Il censimento della popolazione deve essere completato, se si voglia di ciascun gruppo o di ciascun popolo una descrizione esatta, dal censimento delle professioni e da quello delle forze motrici a vapore e idrauliche.

Ora il primo censimento ci desta inquietudine: esso dice che noi italiani siamo assai numerosi sopra uno spazio assai ristretto e assai montuoso; il censimento delle professioni ci attrista, poichè vediamo come grande sia il numero della popolazione improduttiva e quanta forza umana vada dispersa, dove sarebbe più necessario utilizzarla; il censimento delle forze motrici ci fa sentire tutta la nostra inferiorità presente. Poichè piccoli popoli, sorti ancora ieri, piccoli popoli senza storia hanno impiegata già nell'industria una forza maggiore della nostra.

Le forze motrici impiegate nell'industria negli Stati Uniti d'America nel 1890 erano calcolate 5.954.655 cavalli vapore; la Germania nel 1895 avea 3.427.325 cavalli vapore; l'Italia ha ancor meno di 1 milione di cavalli vapore, di cui appena 335.000 sono impiegati nell'industria manufattrice e 550.000 nell'industria dei trasporti.

E pure i nostri politicanti continuano a parlare della ricchezza italiana, e a esagerare ogni più piccolo sintomo di sviluppo e trarne conseguenze che non hanno nessuna base.

Noi siamo un popolo che, nelle attuali forme di produzione, ha condizioni difficili di sviluppo; noi abbiamo esagerato il passato e diminuiamo quindi il presente; ma la verità è che ogni progresso compiuto si è realizzato a traverso difficoltà grandissime che altri popoli non hanno avuto.

Ma qual'è la ricchezza degli italiani?

Sarà bene che ci fermiamo un po', prima di procedere avanti, su questa questione: si può, dati i mezzi attuali della statistica, misurare i progressi di una nazione? si può misurarne la ricchezza?

Gli statistici hanno lungamente studiato questo argomento — e qui non è il caso che di accennarvi.

Il progresso delle nazioni si può misurare in via indiretta, tenendo conto di una serie di indizii, di una grande pluralità di elementi. È assai puerile ciò che si fa d'ordinario, quando lo stato di una nazione si crede poter indurre solo da qualche elemento. Ma se noi teniamo conto del numero delle nascite e più ancora del numero delle morti; della produzione agricola; della produzione industriale; del commercio interno ed esterno; del consumo individuale; della diffusione della cultura; della criminalità e di una serie di altri elementi che si attengono alla vita economica e sociale delle popolazioni: allora noi potremo assai facilmente vedere se una nazione sia in progresso o in regresso, e quale sia la sua situazione di fronte alle altre.

L'esame di questa serie di elementi ci mette in grado di dire che l'Italia ha realmente assai progredito dopo il 1860:

che anzi è, dato il punto da cui è partita, una delle nazioni che più hanno progredito, poichè in realtà esisteva assai poco.

Ricerca meno complessa ma non più facile è quella di calcolare la ricchezza delle nazioni.

Secondo la denominazione comunemente in uso, si deve distinguere tra *ricchezza pubblica, ricchezza privata, ricchezza nazionale.*

La *ricchezza pubblica* comprende, tanto i beni di patrimonio dello Stato e degli enti locali, quanto i beni di demanio pubblico, come le strade, i canali, le fortificazioni, ecc. In altri termini la *ricchezza pubblica* è quella posseduta dallo Stato e dagli enti di diritto amministrativo.

La *ricchezza privata* è costituita dalla somma dei patrimoni privati appartenenti a persone fisiche o giuridiche di diritto privato, come le società commerciali di qualsiasi natura, i consorzi agrari, ecc.

La *ricchezza nazionale* è costituita dall'insieme della ricchezza pubblica e della ricchezza privata.

Ciò che occorre sapere è la ricchezza privata degli italiani: quanto possiedono i 32 milioni d'italiani?

Il metodo più in uso per fare questa ricerca è quello di uno statistico francese assai abile, A. de Foville.

Ogni anno, dice il de Foville, avvengono successioni per causa di morte o trasferimento di proprietà tra vivi. Così tutte le ricchezze possedute dai privati in una serie di anni passano sotto l'imposta di successione, e si rinnovano le persone che possiedono le proprietà private. L'intervallo fra due generazioni in Francia è calcolato in trentacinque anni. Tenendo conto non solo delle successioni ma anche delle donazioni tra vivi, delle costituzioni di dote e degli assegni fatti dai genitori ai figli, poichè le donazioni, le doti e gli assegni non sono che successioni anticipate, si avrà la base del calcolo.

Supponiamo che si trasmettano (è il caso della Francia) presso a poco da sei a sette miliardi all'anno, basterà moltiplicare questa cifra per la durata media della generazione per avere l'ammontare delle ricchezze private. Senza entrare nei dettagli di tali operazioni si può ben dire che questo calcolo presenta molti vantaggi.

Nei paesi dove esistono imposte generali sul reddito si può seguire altra via. È ciò che ha fatto Giffen in Inghilterra.

Oltre questi vi sono metodi *diretti* di valutazione, come quelli adoperati da Léon Say, da Neymarck e da altri specialisti: e consistono nel calcolare direttamente il valore dei beni mobili e dei beni immobili, sulla base dei ruoli delle imposte, applicando in seguito al reddito che ne risulta tassi differenti di capitalizzazione.

Non occorre qui insistere in queste questioni di tecnica statistica e non importa vedere quale sia il metodo preferibile e quali difficoltà ciascuno incontri. Nè insisteremo sulle difficoltà dei confronti, poichè qui occorre rendere solo evidenti alcuni contrasti, la cui evidenza è grande.

Secondo i calcoli più recenti la ricchezza privata delle principali nazioni d'Europa è la seguente:

Gran Brettagna,	secondo la	Tesoreria	nel 1894	miliardi di L.		235
Francia	»	De Foville	1888	»	»	200
»	»	Turquan	1894	»	»	214
Austria-Ungheria	»	Inama Sternegg	1892	»	»	84
Belgio	»	Graux	1893	»	»	34

Per la Germania, che è fra le nazioni di Europa le quali hanno più rapidamente progredito, non esiste alcun calcolo complessivo, ma solo calcoli limitati ad alcuni Stati della Confederazione. Ma a indicare gli immensi progressi compiuti basterà notare che la sola ricchezza mobiliare era valutata nel 1897 in 92 miliardi di marchi.

Ci siamo limitati a parlare dei paesi di Europa. Vi sono paesi fuori di Europa in cui l'accrescimento della ricchezza è stato anche più rapido che nel nostro vecchio continente e dove l'ammontare attuale della ricchezza privata sale a cifra vertiginosa.

Il Governo degli Stati Uniti fa ogni dieci anni, insieme al censimento della popolazione, quello delle risorse, dei valori e della ricchezza del paese. Secondo il *census* del 1890 la ricchezza degli Stati Uniti potea valutarsi in 1000 dollari circa (5.200) lire per abitante, mentre era di 870 dollari nel 1880, di 780 nel 1870 e di 514 nel 1860. La ricchezza di tutti i cittadini degli Stati Uniti, secondo il *superintendant* del censimento americano, potea valutarsi in 65.000 milioni di dollari.

E l'Italia? La ricchezza probabile dell'Italia era calcolata dal Pantaleoni e dal Bodio fra 52 e 54 miliardi, circa dieci anni or sono; da relative approssimazioni più recenti essa risulterebbe adesso da 65 a 70 miliardi. Ora se teniamo conto che noi abbiamo una popolazione di poco inferiore a quella della Francia e che fra mezzo secolo quasi certamente ne avremo una maggiore, ci renderemo conto esatto della nostra povertà. Senza dubbio vi sono molte cose di cui noi non abbiamo bisogno e che sono indispensabili alla vita in Germania, in Francia e in Inghilterra. Ma anche di questa credenza non bisogna abusare.

Quante stranezze abbiamo detto a proposito del nostro sole; e quante illusioni ci siamo fatte sul nostro cielo. Ancora adesso si ripete che il nostro cielo è una ricchezza immensa; certo ha bellezza grande. Ma sotto questo cielo si muore assai e di più che sotto il cielo nevoso della Svezia o fra i geli della Norvegia e della Scozia.

Si confonde d'ordinario il *clima* con la *temperatura*: ora la temperatura d'Italia è generalmente mite, ma le condizioni del clima non sono, quasi dovunque, le più adatte allo sviluppo. Non bisogna dimenticare che l'Italia è il paese di Europa dove è più diffusa la malaria; che vi sono regioni intere assai povere d'acque. Nelle condizioni stesse del clima la produzione ha trovato ostacoli non pochi e limitazioni grandissime.

Se anche calcoliamo la ricchezza privata degli italiani in 70 miliardi (ed è cifra molto ottimista) avremo che la ricchezza media di ciascun abitante risulta dividendo l'ammontare della ricchezza privata per il numero degli abitanti negli anni indicati:

Francia	ricchezza	media	per abitante	L. 5611
Gran Brettagna	»	»	»	» 7682
Belgio	»	»	»	» 5215
Italia	»	»	»	» 2210

Altri paesi senza dubbio aveano difficoltà grandi nel loro sviluppo: nessuno ne ha avute quanto l'Italia.

Si aggiunga che, separati da lotte interne, dominati da stranieri, noi abbiamo dovuto, prima che tentare imprese coloniali, colonizzare noi stessi. Al principio del secolo XIX l'America e l'Australia erano già tutte occupate: e la divisione dell'Africa si è fatta sopra tutto negli ultimi trenta anni, quando noi procedevamo senza una meta ben chiara, illusi della nostra ricchezza e con la mente piena di sogni e di errori.

La prevalenza delle qualità fantastiche sulle qualità positive; l'ipertrofia della vanità; l'ingrandimento della nostra passata grandezza, ci tolgono anche adesso assai sovente il senso della realtà.

Ma se noi confrontiamo la nostra ricchezza a quella degli altri paesi, le nostre risorse alle altrui, lo stato delle nostre industrie a quello degli altri, allora noi sentiremo il dovere di una moderazione maggiore, di un più largo senso della verità: allora abbandoneremo le parole vuote e i propositi vani, che formano le basi della nostra vita pubblica.

L'Italia è il paese del mondo civile che ha più uomini: perchè in nessun paese civile esiste, relativamente al territorio, una popolazione eguale a quella dell'Italia; *viceversa,* dato il carattere attuale della produzione, l'Italia è fra i grandi paesi di Europa quello che *ha meno risorse naturali.*

Basta mettere a confronto i dati relativi alla produzione e al consumo e quelli relativi alla popolazione e al territorio, per sentire tutte le difficoltà della nostra situazione.

In Europa vi sono tre Stati soltanto che, relativamente al territorio abitato, hanno più popolazione dell'Italia: il Belgio, l'Olanda e l'Inghilterra. L'Italia, secondo gli ultimi calcoli, ha quasi 111 abitanti per chilometro quadrato: sopra di noi sono soltanto il Belgio con 258, l'Olanda con 149, la Gran-Brettagna con 120. Paesi di grandi ricchezze come la Francia non hanno che 70 abitanti per chilometro quadrato, e paesi di grande sviluppo come la Germania non ne hanno che 97. Ma l'Italia rimane, guardando nel fondo della questione, il paese con più uomini: poichè il Belgio e l'Olanda sono troppo piccoli per essere confrontati. Sono grandi quanto regioni italiane e solo a esse vanno confrontati. Ora la Campania, ch'è felice solo in sì poca parte, ha 195 abitanti per chilometro quadrato; la Lombardia ne ha 168. La sola Inghilterra pare che abbia relativamente più abitanti dell'Italia. Ma togliendo Londra e la *black country*, il paese nero del carbone e del ferro, anch'essa ha meno abitanti dell'Italia.

Londra e la *black country* sono due formazioni recenti, due formazioni dovute al carbone, al ferro e al cotone. Il paese nero intorno a Birmingham sopra tutto, il paese che ha inondato il mondo dei prodotti di Birmingham, di Scheffield, di Coventry, ecc. si è formato rivoluzionariamente in conseguenza delle industrie sorte con spaventevole rapidità dove prima era assai poco o nulla. Togliete alla Gran Brettagna Londra, il Lancashire, e la *black country*, cioè le tre formazioni recenti del ferro, del carbone e del cotone, ed essa apparirà quale è: assai meno densa dell'Italia.

Bisogna anche dire che la popolazione d'Italia, relativamente al territorio, è maggiore di quel che pare.

Tutto il territorio italiano è di 28,664,885 ettari. Ora secondo calcoli recenti, 20 milioni sono coltivati, poco oltre 4 milioni e mezzo sono coverti dalle città, dalle vie, dalle strade ferrate, dai fiumi, dai canali, dagli stagni, ecc. Vi sono 3,774,392 di terreni, incolti e in gran parte, non ostante tutte le discussioni, incoltivabili. Sono quei terreni che i tedeschi chiamano *unland*. Ora se si toglie la superficie non coltivabile, *l'Italia risulta il paese più popolato di Europa*, a eccezione fatta del piccolissimo Belgio.

Se l'Italia non avesse la emigrazione sarebbe condannata alla rivolta e al decadimento e non troverebbe in sè stessa le energie della trasformazione.

Dunque non vi è nulla di più immorale e nulla di più pericoloso che continuare nel vecchio errore secondo cui l'Italia è un paese *naturalmente* ricco. Questo errore di fatto a cui han partecipato anche uomini insigni come Minghetti, come Bonghi, come Scialoja è stata la causa maggiore di tutti gli errori della politica.

L'Italia è invece un paese che la natura ha messo in condizioni difficilissime di sviluppo, dato il carattere attuale della produzione: è un paese che per vincere in questa concorrenza dei popoli, che diventa ogni giorno più aspra, deve metter fuori energie straordinarie.

Vincerà? avrà dentro di sè le forze per un terzo rinnovamento?

Ecco una questione che va studiata al di fuori delle sentimentalità convenzionali e dei luoghi comuni che infiorano la retorica politica.

Ciò che si può dire senza tema di errare è che la concezione prevalente, secondo cui noi sciupiamo infinite risorse che la natura ci ha largito, è falsa: poichè, mutate le basi della produzione, l'Italia è un paese *naturalmente* povero e potrà emanciparsi dalla sua povertà solo mediante sforzi assai superiori a quelli compiuti in altri paesi. La parabola dei figliuoli prodighi di una Provvidenza benigna non ha nessun riscontro nella nostra situazione.

Ciò che bisogna ancora abbattere è il pregiudizio che l'Italia possa e debba essere un paese agricolo e marinaresco: nessun paese agricolo essendo mai vissuto, nè potendo mai vivere con la popolazione che sopporta ora l'Italia.

Si deve dunque esaminare senza nessuno imperio o giogo di tradizione, senza nessuna sentimentalità, poichè la sentimentalità in simile argomento è fiacchezza o ignoranza, questa questione: date le forme attuali che la produzione riveste, l'Italia *può diventare* un paese ricco? può affrancarsi dalla sua povertà, ch'è il suo tormento?

I segni che spuntano sull'orizzonte sono lieti: dipenderà solo da noi se vorremo trovare in noi stessi le cause della vittoria. Non parleremo più allora di fortuna e l'aspra lotta ci parrà preferibile alla molle attesa e al fatalismo rassegnato.

E sopra tutto, per vincere occorre parlare meno del nostro passato e più del nostro avvenire; guardare le difficoltà dove sono; fidare solo in noi stessi e sentire che la grandezza è fatta di operosità e di voloutà, è fatta sopra tutto di fiducia in sè stessi.

Sarà bene riunire alcuni dati che possono dare una idea relativamente precisa della situazione dell'Italia dal punto di vista economico in confronto di altre nazioni:

I.

Notizie generali sulla popolazione, sulla ricchezza e sugli scambi esteri.

Gran Brettagna, popolazione censita nel 1891 abitanti   37.880.764
    ricchezza privata nel 1894 (Giffen) . . . miliardi 291
        "   mobiliare nel 1897 (Neymarck) .   "   181
    estensione dello Stato . . . . Kmq. 314.399
    abitanti per Kmq.   120
    estensione delle colonie . . . .   "   27.786.300
Germania, popolazione censita nel 1895 . . abitanti 52.279.901
    ricchezza privata . . . .   ?
        "   mobiliare nel 1897 (Neymarck) . miliardi 92
    estensione dello Stato . . . . Kmq 540.667
    abitanti per Kmq.   97
    estensione delle colonie e dei protettorati .   "   2.597.998
Francia, popolazione censita nel 1896 . . . abitanti 38 517.975
    ricchezza privata nel 1898 (Turquan) . . miliardi 214
        "   mobiliare nel 1897 (Neymarck) .   "   80
    estensione dello Stato . . . . Kmq. 536.408
    abitanti per Kmq.   72
    estensione delle colonie . . . . . circa   "   6.000.000
Russia (compresa la Russia asiatica, ecc.), popolazione censita nel 1897 . . . . abitanti 128.931.827
    popolazione della Russia europea . . . .   "   94.215.415

ricchezza privata . . . . miliardi   ?

    "   mobiliare della Russia europea

    nel 1897 (Neymarck) . . . . . . "   25

estensione della Russia Europea . . . . . Kmq. 4.889.062

    "   di tutto l'Impero . . . . . . "   22.429.998

abitanti per Kmq. nella Russia europea . .   19

    "   "   in tutto l'Impero . . .   6

Austria-Ungheria, popolazione calcolata nel 1898 abitanti 44.744.651

ricchezza privata nel 1892 (Inama Sternegg) miliardi 84

    "   mobiliare della sola Austria nel

    1897 (Neymarck). . . . . "   24

estensione dello Stato . . . . Kmq. 625.518

abitanti per Kmq.   71

estensione delle colonie . . . . Kmq. — —

Belgio, popolazione nel 1899 . . . . . abitanti 6.744.532

ricchezza privata nel 1893 (Graux) . . . miliardi 32

    "   mobiliare nel 1897 (Neymarck) . "   6

estensione dello Stato . . . . Kmq. 29.456

abitanti per Kmq.   228

colonie: Stato libero del Congo . . . . Kmq. 2.252.780

Italia, popolazione calcolata nel 1898 . . . abitanti 31.667.946

ricchezza privata nel 1889 (Pantaleoni) . miliardi 54

    "   "   nel 1898 1900 - da calcoli

    di approssimazione . . . . "   65 a 70

ricchezza mobiliare nel 1897 (Neymarck) . "   17

estensione dello Stato . . . . Kmq. 286.648

abitanti per Kmq. nel 1898   110

estensione delle colonie e protettorati:

    "   Colonia Eritrea . . . . . circa Kmq. 247.300

    "   Aussa e Paesi Danakili . . . "   ?

    "   Sultanato di Anfari . . . . "   ?

    "   Penisola dei Somali, ecc. . . . "   ?

Valore del commercio internazionale nel 1898-99

(secondo le statistiche ufficiali pubblicate da ciascun paese).

Gran Bretagna e Irlanda

Valore della

	unità	importazione	esportazione	
1899	lire st.	485,075,000	329,680,000	c. g. (comprese le
1898	id.	470,379,000	294,014,000	riesportazioni ed
Differenza	id.	+ 14,696,000	+ 35,666,000	esclusi i metalli
Ecced. nel 1899	id.	155,395,000	"	preziosi).

Germania

1899	marchi	5,197,010,000	3,991,420,000	
1898	id.	5,080,646,000	3,756,566,000	c. s. (esclusi i me-
Differenza	id.	+ 116,364,000	+ 234,854,000	talli preziosi).
Ecced. nel 1899	id.	1,205,590,000	"	

Francia

1899	franchi	4,217,150,000	3,899,142,000	
1898	id.	4,472,552,000	3,510,900,000	c. s. (valori unita-
Differenza	id.	— 255,402,000	+ 388,242,000	rii del 1898, esclusi
Ecced. nel 1899	id.	318,008,000	"	i metalli preziosi).

Austria-Ungheria

1899	fiorini	790,334,000	928,421,000	
1898	id.	819,801,000	807,622,000	c. s. (esclusi i me-
Differenza	id.	— 29,467,000	+ 120,799,000	talli preziosi).
Ecced. nel 1899	id.	"	138,087,000	

Belgio

1899	franchi	2,107,865,000	1,772,397,000	
1898	id.	1,960,575,000	1,700,448,000	c. s. (principali pro-
Differenza	id.	+ 147,290,000	+ 71,949,000	dotti, esclusi i me-
Ecced. nel 1899	id.	335,468,000	"	talli preziosi).

Italia

1899	lire	1,506.561,000	1,431,417,000	
1898	id.	1,413,335,000	1,203,569,000	c. s. (esclusi i me-
Differenza	id.	+ 93,226,000	+ 227,848,000	talli preziosi).
Ecced. nel 1899	id.	75,144,000	"	

c. g. = *commercio generale*; c. s. = *commercio speciale*.

1 sterlina = lire 25.22; 1 marco = lire 1.23; 1 fiorino = lire 2,46.

II.

La forza motrice.

Nessuna statistica più di quella delle forze motrici ha importanza per valutare la produzione della ricchezza in ciascuna nazione. Malauguratamente le statistiche a questo riguardo sono poche e scarse.

La Francia, la Germania, il Belgio, gli Stati Uniti e l'Italia hanno fatto, con sistemi differenti, una statistica delle forze motrici.

Italia.

Secondo i dati raccolti dalla Direzione generale dell'industria al 1° gennaio 1899, l'industria italiana disponeva di 1,300,000 cavalli vapore di forza motrice, dei quali un milione ricavati da caldaie a vapore e da motori a gas, e 300,000 sviluppati da quelle fra le derivazioni di acque di demanio pubblico, che formano oggetto di concessioni gravate da canone a favore dello Stato.

Il milione di cavalli-vapore si ripartiva nel seguente modo: il resto non si conosce:

Impiego della forza motrice		Cavalli-vapore
Nell'*agricoltura*		95,000
Nelle *industrie manufattrici*		335,000
Nell'*industria dei trasporti*		
1) trasporti per terra	300,000	
2) trasporti per acqua, industrie e commerci marittimi	250,000	550,000
Negli *opifici e per i servizi dipendenti dai Ministeri della Guerra e della Marina*		20,000
Totale		1,000,000

Nelle concessioni di acque fatte per produzione della elettricità, nel 1899 erano impiegati 120 mila cavalli-vapore, di cui alla fine del 1898 80 mila servivano alla produzione di elettricità nelle stazioni centrali, e 40 mila erano installati in impianto ad uso privato.

Nelle stazioni centrali vi erano:

Per illuminazione e distribuzione di energia	55,000	cavalli
Per trasporti di forza	10,000	"
Per trazione	15,000	"

Negli impianti ad uso privato:

Per illuminazione . . . . 25,000 cavalli

Per trasporti di forza 10,000   ,,

Per forni elettrici ed industrie elettrochimiche   5,000   ,,

Stati Uniti d'America (1890)

(secondo il volume *Report on manufacturing industries in the United States,*
parte I, pagina 743, 11 *th. Census* 1890).

Stabilimenti che impiegano delle forze motrici: 100,735, cioè 28,34 %
del totale, invece di 85,923 (33,85 % nel 1880).

Forza totale di cavalli-vapore: 5,954,655.

Vapore: caldaie   111,204 stabilimenti ⎫
          macchine   91,410   ,,   ⎬ 4,581,595 cavalli

Acqua 1,255,206   ,,

Elettricità   15,569   ,,

Gas   8,930   ,,

Locazione di forze :

Vapore   80,434   ,,

Acqua   8,137   ,,

Forze non specificate   4,784   ,,

I risultati del *census* del 1900 sono ancora ignoti; ma già dunque
nel 1890 gli Stati Uniti ricavavano assai più che 4 milioni e mezzo
di cavalli dalle caldaie a vapore.

Dopo, i progressi degli Stati Uniti hanno avuto in dieci anni uno
sviluppo colossale; si può dire anzi che è in questi ultimi dieci anni
che è accaduta la più grande trasformazione industriale degli Stati
Uniti.

Germania.

La Germania è il paese che possiede il censimento delle forze motrici più dettagliato e più importante. Risulta da esso che le forze
naturali messe a disposizione dell'industria negli ultimi cinque anni
salgono a circa 3 milioni e mezzo di cavalli-vapore.

Ma è negli ultimi cinque anni che la Germania ha più progredito,
e il nuovo censimento rivelerà uno stato industriale in progresso vertiginoso.

Germania (1895)

(secondo l'opera *Berufs und Gewerbezählung 1895:* Volume *Gewerbe und Handel im deut-*
schen Reich — Statistik des deutsches Reiches, neue folge Band 119, pagine 11   e
seguenti).

Stabilimenti che impiegano delle forze motrici: 164,483 (cioè 4,5 %
degli Stabilimenti), di cui 151,695 sono di impieghi principali (4,8 %
del totale), 12,788 sono di impieghi accessori (2,5 % del totale).

Impiego delle forze motrici nel 1895.

Totale degli Stabilimenti che impiegano motori 164,483

    "   "   "   forza in cavalli 3,427,325

Stabilimenti che impiegano forze naturali:

Vento	Stabilimenti	18,362;		
Acqua	"	54,259;	cavalli	629,065
Vapore . . .	"	58,530;	"	2,721,218
Gas	"	14,760;	"	53,909
Petrolio . . .	"	2,083;	"	7,249
Benzina, etere.	"	1,254;	"	3,501
Aria calda . .	"	639;	"	1,298
Aria compressa.	"	312;	"	11,085
Elettricità . .	"	2,259;		

Stabilimenti con caldaie senza trasmissione di forza 6,984

Navi a vapore e a vela 18,272

Altri paesi.

Oltre la Germania, gli Stati Uniti e l'Italia, anche la Francia e il Belgio fanno ora il censimento delle forze motrici.

Nel 1900 la Francia ha pubblicato il primo volume: *Moteur à vapeur* della *Répartition des forces motrices à vapeur et hydrauliques en 1899*. Il resto dell'opera non è stato ancora pubblicato. Risulta che la forza delle sole macchine a vapore *nella industria* e nell'agricoltura era di 1,441,336 cavalli-vapore. Nel 1889 la forza motrice della Francia era di 844.540 cavalli-vapore tra macchine fisse e locomobili; 3,549,589 per locomotive e 617,771 per vapori della marina mercantile (*Statistique de l'Industrie minérale et des appareils à vapeur en France et en Algérie en* 1889; Paris, 1891).

Nel Belgio fu fatta nel 1896 una rilevazione delle forze industriali (E. HARRÉ: *Statistique des mines, minières, carrières, mines métallurgiques et appareils à vapeur en Belgique en* 1888 *et* 1889, Bruxelles, 1889-90), e risultò da essa che la forza delle macchine fisse e locomobili era di 367,808 cavalli-vapore, quella delle locomotive di 464,423, quella dei vapori della marina mercantile 21,106. Nel 1896 il Belgio ha fatto un censimento delle forze motrici, ma finora i risultati non sono noti.

La diversità di metodo con cui i dati dei differenti paesi sono stati raccolti, rende i confronti assai difficili. Nondimeno le cifre riferite servono a dare un criterio della differente situazione dei varii paesi.

Diamo anche il consumo del petrolio, di cui largo è l'impiego industriale.

Consumo del petrolio.

(da cifre pubblicate nel *Bollettino di legislazione e statistica doganale e commerciale*, aprile-giugno 1898).

Austria-Ungheria	anno	1893	quintali	1,823,157
Belgio	"	1898	"	1,417,263
Francia	"	1897	"	2,230,000
Germania	"	1898	"	9,390,000
Gran Brettagna	"	1898	"	9,888,574
Russia	"	1891	"	5,061,000
Italia	"	1893	"	736,000

III.

La produzione minerale.

La produzione minerale è la base della prosperità industriale della Gran Brettagna, degli Stati Uniti d'America e della Germania, e in proporzioni minori del Belgio e della Francia. Avendo la materia prima e la forza a un buon mercato assai grande, quei paesi han potuto facilmente sviluppare le loro industrie e dare loro una notevole superiorità.

Ora l'Italia, tranne lo zolfo, ha una produzione minerale del tutto insignificante, e che del resto non pare possa mai avere grande sviluppo.

Produzione del carbon fossile nel 1868 e nel 1898

(secondo le cifre del *Geological Survey* pubblicate nel *Monthly Summary of commerce and finance* di Washington).

		1868	**1898**
Gran Brettagna tonn. di 1016 kl. (long tons)		103,141,157	202,054,516
Stati Uniti " 907 kl (short tons)		31,640,968	219,974,607
Germania tonnellate metriche		32,879,123	130,928,490
Francia	id.	13,330,826	32,439,786
Russia	id.	?	11,205,475
Austria-Ungheria	id.	7,021,756	35,858,000
Belgio	id.	12,293,589	22,075,093
Italia	id.	51,386	341,827

Le cifre della Russia e dell'Austria si riferiscono al 1897.

Produzione dei minerali di ferro in tonnellate, in tutti i paesi del mondo

(dall'opera *Suède*, pubblicata dal Governo svedese per l'Esposizione di Parigi del 1900, vol. II, pag. 193).

PAESI	1871-75	1876-80	1881-85	1886-90	1891-95	1897
Svezia	795,263	726,712	877,408	932,470	1,519,325	2,087,166
Gran Brettagna Irlanda	16,086,731	16,595,418	17,154,326	14,250,198	12,248,651	14,008,484
Belgio	568,542	231,840	202,214	172,861	254,958	240,774
Impero germanico	5,261,829	5,650,434	8,556,667	10,182,597	11,679,170	15,465,979
Austria	870,191	616,981	861,817	1,025,741	1,186,659	1,613,876
Ungheria	367,013	358,032	582,435	658,768	997,084	1,421,129
Francia	2,650,655	2,487,001	3,018,445	2,849,795	3,651,068	4,582,236
Italia	203,081	225,432	258,611	202,201	198,675	200,709
Spagna	612,531	1,897,080	4,119,163	5,766,044	5,345,506	7,419,768
Impero russo	862,865	914,373	1,007,177	1,415,891	2,249,279	4,023,778
Algeria	398,424	474,728	588,571	416,159	382,747	441,467
Stati Uniti	4,532,000	5,064,458	8,515,600	12,987,990	14,287,554	17,798,835
Altri paesi	121,949	118,320	249,902	642,847	2,408,736	2,855,692
TOTALE	33,326,074	35,360,809	45,942,336	51,503,562	56,404,412	72,159,393

Produzione del piombo.

(Statistische Zusammenstellungen von der Metallgesellschaft und der Metallurgischen Gesellschaft A. G., Frankfurt am Main).

		(tonnellate metriche)		
Gran Brettagna	1884	60,000	1898	49,000
Germania	"	95,000	"	132,700
Francia	"	6,000	"	10,000
Russia	"	—	"	—
Austria Ungheria . . .	"	10.800	"	12,000
Belgio	"	9,000	"	14,700
Italia	"	15,000	"	22,500

Il piombo è quasi interamente prodotto in Spagna e negli Stati Uniti. Nel 1898, sopra una produzione mondiale di 777,100 tonnellate, la Spagna ne diede 179,000 e gli Stati Uniti 196,900.

Produzione del mercurio

(secondo la stessa fonte).

Spagna	tonnellate	1357
Stati Uniti	"	996
Austria Ungheria	"	500
Russia	"	360
Italia	"	206

I prodotti delle miniere italiane non erano valutati nel 1898 (*Rivista del servizio minerario*) che a 80,173,055; le miniere in esercizio erano 1404, e il numero degli operai addetti di 63,192. La più gran parte di tale produzione era data dallo zolfo: 48,540,249 di valore ottenuto da 719 miniere che impiegavano 5033 operai. Si aggiunga che dal 1871 al 1898 la produzione delle miniere di zolfo ha superato solo in 6 anni i 40 milioni e non ha raggiunto mai i 50.

Tutta la produzione mineraria italiana ha raggiunto gli 80 milioni solo nel 1898; nello stesso periodo di tempo solo in nove anni ha superato i 60 milioni.

Ora va notato che già nel 1889 la produzione della Gran Brettagna superava 1 miliardo e mezzo, e quella della Germania raggiungeva quasi i 700 milioni (*Rivista del servizio minerario*, 1889); adesso le proporzioni sono di gran lunga aumentate.

Secondo il censimento industriale del 1895 in Germania lavoravano direttamente alle miniere 567,774 individui!

IV.

La produzione agricola.

Poichè si ripete sempre che l'Italia *deve* essere un paese agricolo, converrà prima di tutto notare che nessun paese *agricolo* ha una popolazione di 110 abitanti per chilometro quadrato, e che i paesi veramente agricoli, anche in condizioni vantaggiose, hanno d'ordinario meno della metà di questa cifra.

Bodio nel 1890 calcolava (*Di alcuni indici*, ecc., pag. 47 della seconda edizione) calcolava nel seguente modo il valore dei principali prodotti agrari :

1° Cereali, leguminose da granella, piante da taglio, patate, castagne, vino, olio di oliva, agrumi, tabacco, bozzoli . milioni	3,260
2° Boschi e foreste . . . . „	90
8° Animali, carne, ossa, latte, pelli da concia, ecc. „	1,425
milioni	4,775

Aggiungendo i prodotti dei frutti, degli ortaggi, del pollame e di altre piante non comprese nel calcolo, arrivava a 5 miliardi in cifra tonda.

Ora la produzione agricola della Francia, secondo la statistica decennale del 1882, era già calcolata in 13 miliardi e 400 milioni (LEVASSEUR, *Note sur la production brute agricole de la France*, Paris, 1891).

L'ultimo *Annuario statistico italiano* (1900, pag. 892) insiste nel ritenere che la produzione agricola superi notevolmente i 5 miliardi.

Sarà utile riunire alcuni dati recenti :

Produzione dei cereali nel 1900 in milioni di *bushels*
(1 *bushel* = litri 36.35)
(secondo il *Corn Trade News* di Liverpool del 19 gennaio 1901).

	Frumento	Segala	Orzo	Avena
Gran Brettagna	51	—	70	170
Germania	141	314	132	411
Francia	310	59	42	245
Russia europea e asiatica	403	855	221	686
Austria-Ungheria	188	106	117	190
Belgio	12	19	3	27
Italia	116	3	6	16

Produzione dello zucchero di barbabietola nel 1900-1901

(secondo il *Journal des fabricants de sucre* e il Ministero delle finanze italiano)

Gran Brettagna	tonnellate	?
Germania	"	1,950,000
Francia	"	1,125,000
Russia	"	890,000
Austria-Ungheria	"	1,075,000
Belgio	"	340,000
Italia	"	60,000

Produzione mondiale della seta nel 1899

(secondo il *Bollettino di sericoltura* e il *Moniteur des soies* del 1900).

	Bozzoli freschi	Seta greggia
Francia	6,993,000	560,000
Spagna	990,000	78,000
Austria-Ungheria	3,344,400	276,000
Italia	41,537,000	3,363,000
Paesi del Levante	— —	1,760,000
Paesi dell'Estremo Oriente	— —	11,535,000

Statistica del bestiame

(secondo il *Monthly Summary of Commerce and finance*, febbraio 1900).

	Bovini		Suini		Ovini	
			(in migliaia di capi)			
Gran Brettagna	11,004	anno 1897	3,683	anno 1897	30,657	anno 1897
Germania	18,491	" "	10,275	" "	10,867	" "
Francia	13,487	" "	6,263	" "	21,445	" "
Russia europea	24,609	" 1888	10,742	" 1888	44,465	" 1888
Austria-Ungheria	15,382	" 1890-96	10,880	" 1890-96	15,558	" 1890-96
Belgio	1,421	" 1895	1,163	" 1895	236	" 1895
Italia	5,000	" 1890	1,800	" 1890	6,900	" 1890

Secondo la stessa fonte, fra i principali paesi produttori di bestiame bovino l'Italia rappresenterebbe 2.7 % della produzione totale; 1.4 % della produzione suina, e 1.7 % della produzione ovina.

Produzione del vino

(secondo il *Moniteur Vinicole* e il Ministero delle finanze italiano).

Produzione in ettolitri

Gran Brettagna		—		—		—
Germania	(1898)	1,406,800	(1899)	1,900,000	(1900)	3,600,000
Francia	"	32,282,300	"	47,907,600	"	67,352,661
Russia europea	"	3,120,000	"	3,250,000	"	2,400,000
Austria-Ungh.	"	2,800,000	"	2,800,000	"	5,150,000
Belgio	"	—	"	—	"	—
Italia	"	32,940,000	"	31,800,000	"	29,900,000

La produzione dell'Italia è presso a poco la quinta parte di quella del mondo; gli Stati Uniti dànno ancora appena 1 milione e mezzo di ettolitri. La Spagna dà fra 23 e 24 milioni di ettolitri. Ma già le proporzioni si spostano a danno dell'Italia. La Francia, ricostituendo i suoi vigneti, è giunta a produrre oltre due volte l'Italia; l'Ungheria è in trasformazione profonda.

Produzione della birra nel 1897-98

(secondo il *Moniteur officiel du commerce* del 28 settembre 1899).

Gran Brettagna . .	ettolitri	53,000,000
Germania	"	61,300,000
Francia	"	8,870,000
Russia	"	4,580,000
Austria-Ungheria . .	"	20,610,000
Belgio	"	12,410,000
Italia	"	100,000

La birra è più un prodotto industriale che agricolo; ma va considerata sopra tutto nei vantaggi che produce all'agricoltura.

Da calcoli fatti in periodo recente (*Annuario statistico* 1900), risulta che le principali produzioni agricole superanti i 50 milioni sono in Italia:

	Anni cui si riferisce il calcolo	Valore medio annuale in milioni
Frumento	1896-98	859
Vino	id.	742
Granturco	id.	292
Olio d'oliva	id.	193
Bozzoli	id.	100
Riso	id.	96
Canapa	1891-95	58
Patate	id.	57
Agrumi	1896-98	54
Avena	1891-95	49

Sono valutazioni approssimative; ma che danno un concetto esatto della situazione dell'Italia.

La cultura dei cereali appare non solo come necessaria, ma come la principale fra tutte, non ostante la scarsa superficie del territorio nazionale. Ciò è stato dimostrato benissimo da N. COLAJANNI, *Per la economia nazionale e pel dazio sul grano*, Roma, 1901.

V.

Le terre incolte.

Ma come si esagera la naturale produttività della terra italiana, si esagera sopra tutto nel dire che vi sono grandi estensioni di terre incolte e che andrebbero coltivate con grande profitto.

Sono affermazioni del tutto contrarie alla realtà.

Riunendo i dati pubblicati dal Bollettino di *Notizie agrarie* (n. 18 del 1894) e dalla Direzione generale di statistica, si ha che i cosidetti terreni incolti sono pochissima cosa. Quelli suscettivi di coltura con scarso rendimento non potrebbero, se fossero coltivati, che assorbire l'emigrazione di qualche anno.

Estensione approssimativa del suolo produttivo, del suolo improduttivo e dei terreni incolti intorno agli anni 1893-95.

Terreni produttivi.

	Ettari	Proporzioni per 100 del totale
Terreni a coltura	15,419,000	53.79
Castagneti	412,000	1.44
Terreni boscati	4,093,000	14.28
Pascoli alpini	359,000	1.25
Totale	20,283,000	70.76

Terreni improduttivi.

	Ettari	Proporzioni per 100 del totale
Terre bonificabili	500,000	1.75
Suolo occupato da laghi e valli sommerse principali	180,000	0.63
Suolo occupato da 100 fiumi e torrenti maggiori	64,000	0.22
Suolo occupato da 49 canali navigabili	3,164	0.01
Suolo occupato da tutti i corsi d'acqua secondari	193,000	0.67
A riportarsi	940,164	3,28

	Ettari	Proporzioni per 100 del total
Riporto	940,164	3,28
Area delle strade ordinarie nazionali, provinciali, comunali	75,000	0.26
Area delle strade vicinali e campestri .	151,000	0.53
Area dei tratturi	15,397	0.05
Area delle ferrovie	12,000	0.04
Area delle tramvie a vapore (in sede propria)	1,890	0.01
Area complessiva delle città e dei villaggi e caseggiati varii	267,000	0.93
Terreni improduttivi per posizione altimetrica	2,015,000	7.03
Relitti di mare renosi (lungo le coste della penisola e delle isole)	40,000	0.14
Suolo occupato da stagni e paludi . .	1.130,000	3.94
Totale	4,647,451	16.21

Terreni di scarsa o nulla produzione.

Terreni incolti più o meno a pascolo (fra i quali si trovano gli incolti suscettibili di coltura in 1 *milione di ettari* circa)	3,734,392	13.03
Superficie territoriale del Regno . .	28,664,843	100,00

VI.

La produzione industriale.

Mancano dati degni di confronto sulla produzione industriale dei varii paesi, ma la situazione industriale di ciascuno si desume meglio che da ogni altra cosa, dal censimento delle forze motrici, dal consumo dei combustibili fossili, dalla statistica delle professioni, dall'ammontare degli scambi, ecc.

Tutti i segni però in Italia indicano un grande aumento della industria, non ostante condizioni difficili di sviluppo. Sopra tutto dopo la tariffa doganale del 1887, le industrie metallurgiche, le industrie chimiche, le industrie tessili hanno avuto uno sviluppo rapidissimo. Naturalmente si tratta ancora di un primo movimento iniziale, non paragonabile in alcuna guisa a quello dei grandi paesi.

È vero che ora l'Italia è entrata nel novero dei paesi industriali, ma la sua produzione è sempre assai limitata.

Produzione dell'acciaio nel 1880 e nel 1899

(secondo il *Moniteur des intérêts matériels*, luglio 1900).

	1880	1899
	tonnellate metriche	
Gran Brettagna . . .	1,341,690	4,933,010
Germania	624,418	6,290,434
Francia	388,894	1.529,182
Russia	295,568	1,250,000
Austria-Ungheria . .	134,218	950,000
Belgio	132,052	729,920
Italia	—	80,000

Secondo i dati raccolti dal governo svedese la produzione è stata la seguente :

Produzione media dell'acciaio in tonnellate in tutti i paesi

PAESI	1871-75	1876-80	1881-85	1886-90	1891-95	1897
Gran Brettagna e Irlanda . . .	572,786	1,044,836	2,001,691	3,323,478	3,130,344	4,599,736
Belgio	27,040	125,400	170,173	219,020	325,894	616,604
Germania . . .	318,150	523,451	1,086,982	1,818,464	3,070,770	5,091,294
Austria-Ungheria	45,300	110,191	211,258	357,097	485,000	553,000
Francia . . .	168,064	300,102	492,301	514,600	674,800	994,891
Impero Russo .	9,591	140,469	252,044	241,670	438,260	831,000
Stati Uniti . .	207,498	816,600	1,679,257	3,343,844	4,748,773	7,289,300
Svezia	17,144	27,465	63,763	122,289	176,668	274,206
Altri paesi . .	25,000	25,000	25,000	225,000	383,400	488,350

Ora, dunque, è vero che l'Italia ha progredito in questa industria; ma rappresenta sempre una produzione scarsa.

Produzione mondiale dell'alluminio nel 1898

(*Statistische Zusammenstellungen von der metallurgischen Gesellschaft A. G.*
Frankfurt am Main).

Gran Brettagna . . . Kil. 300,000
Germania. . . . . . . „ ?
Francia . . . . „ 500,000
Svizzera . . . . „ 800,000
Italia . . . . „ ?

La produzione del mondo era valutata in 3,958,704 kil., di cui
2,858,704 dati dagli Stati Uniti.

Ora la produzione dell'alluminio avrebbe per l'Italia un immenso
interesse industriale, sopra tutto se questo metallo potesse esser prodotto così a buon mercato da sostituire lentamente in molti usi industriali il ferro, di cui il suolo nazionale difetta.

L'industria del cotone.

L'industria del cotone è in grande sviluppo in Italia, ma s'intende
bene che è ancora poca cosa di fronte a quella degli altri grandi paesi
come la Germania, gli Stati Uniti e la Francia.

L'industria del cotone è stata per molto tempo fatta quasi esclusivamente dall'Inghilterra; ancora adesso la Gran Brettagna produce da
sola più di tutto il continente europeo.

Ora, la supremazia inglese è, si può dire, assai contestabile. Il numero di bacinelle in questa industria, dal 1851 al 1896, è variato per
alcuni grandi paesi produttori nel seguente modo:

(milioni di bacinelle)

	1851	1861	1867	1874	1878	1883	1889	1896
Inghilterra .	18	„	34	„	41	„	43,5	44,9
Francia . .	4,5	„	6,8	„	4,6	„	„	5,4
Germania. .	0,9	„	2	„	3	„	„	6
Stati Uniti .	„	„	„	„	„	12,7	14	17,3

Questo quadro ha carattere di approssimazione; ma i calcoli dei
tecnici più competenti confermano questo fatto. Dal 1878 l'industria
del cotone non è cresciuta in Inghilterra che del 10 %; è cresciuta
nel continente del 55 %.

Secondo la pubblicazione *Cotton facts* di Shepperson di New York
e la rivista annuale di Ellison e C. di Liverpool, il numero delle bacinelle in Inghilterra e sul continente è variato dal 1887 al 1897 nel
seguente modo:

	Gran Brettagna	Contin. europ.		Gran Brettagna	Contin. europ.
	(migliaia di bacinelle)			(migliaia di bacinelle)	
1887	42,740	23,180	1893	45,270	26,850
1888	42,000	24,385	1894	45,190	27,850
1889	43,500	24,885	1895	45,400	28,250
1890	43,750	25,460	1896	44,900	29,350
1891	44,750	26,035	1897	44,900	30,320
1892	45,350	26,405			

Questo fatto si è anche più accentuato negli ultimi anni.

L'industria del cotone in Italia è già al punto di diventare esportatrice e di bastare quasi interamente al mercato interno.

Ma non potendo fornire dati sullo sviluppo *relativo* di ciascuna industria, sarà meglio desumere, in via di approssimazione, l'importanza della produzione industriale dai dati che abbiamo già forniti, sulle forze motrici, sulle esportazioni, ecc.

VII.

La navigazione, le ferrovie, il movimento postale, ecc.

Per dare un'idea del movimento dei traffici e degli scambi, sarà bene aggruppare alcuni dati relativi alla navigazione, alle ferrovie e al servizio postale.

La marina mercantile nei principali paesi d'Europa
nel 1889, nel 1893, nel 1897

(da cifre di J. Fleury nel *Dictionnaire du commerce, de l'industrie et de la banque*).

Anno 1889.

	Num.	VAPORI Tonnellaggio in migliaia di tonn.		Num.	VELIERI Tonnellaggio in migl. di tonn.
		netto	lordo		netto
Inghilterra . .	5,574	4,875	7,775	3,593	2,467
Colonie inglesi	829	282	461	2,075	894
America . . .	416	364	517	2,856	1,306
Belgio . . .	77	72	106	8	4
Danimarca . .	217	99	159	591	121
Olanda . . .	162	147	217	382	162
Francia . . .	526	495	810	854	235
Germania . .	741	638	929	1,135	640
Italia . . .	212	190	301	1,343	516
Norvegia . .	395	178	247	2,974	1,338
Svezia . . .	471	137	182	999	294
Giappone . .	165	88	134	124	33
Totale (1) .	11,108	8,296	12,985	21,190	9,166

(1) Totale di tutte le nazioni (comprese quelle meno importanti non enumerate).

Anno 1893.

| | VAPORI | | | VELIERI | |
	Numero	Tonnellaggio netto	lordo	Numero	Tonnellaggio netto
Inghilterra . .	6,322	5,768	9,308	2,929	2,499
Colonie inglesi	863	323	531	1,536	632
America . . .	610	639	888	2,704	1,284
Belgio . . .	84	79	117	4	1.5
Danimarca . .	253	121	199	562	135
Olanda . . .	207	209	207	254	130
Francia . . .	555	471	892	623	198
Germania . .	912	826	1,215	853	570
Italia . . .	224	202	319	1,052	453
Norvegia . .	559	265	404	2,578	1,265
Svezia . . .	535	166	227	914	271
Giappone . .	288	109	174	81	22
Totale (1) .	12,907	10,112	16,066	17,814	8,503

(1) Totale di tutte le nazioni (comprese quelle meno importanti non enumerate).

Anno 1897.

| | VAPORI | | | VELIERI | |
	Numero	Tonnellaggio netto	lordo	Numero	Tonnellaggio netto
Inghilterra . .	6,783	6,479	10,547	2,261	2,040
Colonie inglesi	919	375	621	1,180	457
America . . .	780	837	1,176	2,370	1,273
Belgio . . .	103	95	137	n	n
Danimarca . .	305	188	308	n	420
Olanda . . .	244	243	356	455	115
Francia . . .	617	487	973	534	207
Germania . .	1,066	1,022	1,614	538	470
Italia . . .	272	272	442	890	414
Norvegia . .	710	388	619	1,953	1,025
Svezia . . .	594	208	329	778	224
Giappone . .	465	283	454	70	18
Totale (1) .	15,137	12,426	20,056	13,627	7,126

(1) Totale di tutte le nazioni (comprese quelle meno importanti non enumerate).

I dati forniti dal *Blue Book* del Lloyd inglese per il 1900 **mantengono** presso a poco queste proporzioni.

1898.

Bandiera	Numero	Tonnellaggio lordo	Tonnellaggio netto	Percentuale del numero totale	Percentuale del tonnellaggio lordo totale
Austro Ungarica	85	300,251	213,020	2,5	2,3
Britannica	2295	8,691,093	6,297.743	65,5	67,1
Danese	8	30,228	285,320	0,2	0,2
Francese	221	891,642	571,517	6,3	6,9
Germanica	356	2,853,161	969,597	10,2	10,4
Giapponese	46	261,602	183,325	1,3	2,0
Italiana	74	208,418	137,294	2,1	1,6
Nord Americana	4	3,162	1,581	0,1	1,02
Norvegese	47	109,709	81,216	1,4	0,9
Olandese	193	526,478	381,866	5,5	4.1
Ottomana	54	88,541	57,724	1,6	0,7
Russa	48	243,381	158,192	1,4	1,9
Spagnuola	49	232,858	149,806	1,4	1,8
Totale	3503	12,962,682	9,288,603	100,0	100,0

1899.

Bandiera	Numero	Tonnellaggio lordo	Tonnellaggio netto	numero totale	Percentuale del tonnellaggio lordo totale
Austro Ungarica	101	371,364	266,360	2,8	2,7
Britannica	2310	9,046,031	6,586,311	64,0	65,5
Danese	21	76,106	58,062	0,6	0,5
Francese	226	940,125	598,819	6,3	6,8
Germanica	387	1,492,657	1,070,767	10,7	10,8
Giapponese	65	321,128	224,636	1,8	2,3
Italiana	69	200,625	132,765	1,9	1,5
Nord Americana	26	101,246	67,690	0,7	0,8
Norvegese	59	165,738	123,757	1,7	1,2
Olandese	206	583,011	418,867	5,7	4,2
Ottomana	26	52,385	36,670	0,7	0,4
Russa	55	266,444	171,589	1,5	1,9
Spagnuola	89	164,202	114,149	1,1	1,2
Totale	3607	13,815,992	9,895,630	100,0	100,0

S. Nitti.

Le strade ferrate principali

(da cifre dell'ing. I. Trochia nella *Riforma Sociale*, 15 marzo 1901).

	Lunghezza delle linee in km. (1896-1898)	Lunghezza delle linee per 10,000 abitanti	Lunghezza per ogni kmq.	Reddito di ogni 100 lire di capitale investito	Prodotto lordo chilometrico nel 1897
Gran Brettagna .	84,508	8,047	metri 109	8,70	68,545
Germania . . .	47,486	8,504	" 87	6,10	44,627
Francia	41,508	10,098	" 78	4 —	36,227
Austria Ungheria	83,508	7,278	" 48	8,90	20,552
Italia.	15,892	4,990	" 55	1,75	18,018 (1898)

Merci trasportate a piccola velocità nel 1897
Milioni di tonnellate

Gran Brettagna	381
Germania	294
Francia	110
Austria Ungheria	130
Italia.	20

Anche il traffico ferroviario è in continuo accrescimento: dal 1871 al 1897 il numero delle vetture ferroviarie si è duplicato; quello dei carri è passato da 17,734 a 50,856: i treni da 292,777 a 1,028,370: i viaggiatori da 25,530,309 a 54,415,294, ecc. Ma è che gli altri paesi hanno un movimento che dimostra una situazione ben più vantaggiosa.

E sarà bene infine dare il movimento postale, che è indice importantissimo alla situazione commerciale di ciascun paese. Appare da esso che, tenuto conto della popolazione, lo sviluppo della corrispondenza in Italia è ancora scarso.

Il movimento postale nel 1898

(secondo dati dell'Ufficio internazionale della Union postale internationale di Berna).

PAESI	Superficie dei paesi in chilometri quadrati	Popolazione	Numero di uffici postali di ogni natura	Numero di impiegati e agenti di ogni grado	Numero di lettere ordinarie per l'interno e per l'estero	Numero di cartoline per l'interno e per l'estero	Numero di stampati per l'interno e per l'estero	Numero di carte di affari, di campioni di mercanzia, per l'interno e per l'estero	Vaglia postali — Servizio interno — Valore	Effetti commerciali da incassare — Servizio interno — Valore
Francia	536,408	38,517,975	8,714	68,366	682,994,265	49,724,411	988,161,253	52,805,374	789,790,341	294,204,539
Germania	540,483	52,279,901	33,134	174,314	1,664,152,450	478,221,580	592,266,560	29,346,160	7,703,770,792	780,886,114
Austria	300,024	23,895,413	5,636	31,795	482,450,030	160,409,040	71,357,110	10,811,400	1,231,850,872	"
Ungheria	322,301	17,463,791	4,054	13,351	103,471,762	46,775,214	24,945,494	2,079,226	614,365,138	8,108,568
Stati Uniti di America	10,360,178	62,979,766	70,238	177,872	2,697,832,754	527,483,659	2,018,011,577	59,403,560	891,713,207	"
Gran Bretagna	316,829	39,549,722	20,745	144,700	1,893,000,000	336,500,000	150,600,000	697,900,000	1,276,665,944	"
Italia	286,589	31,290,061	7,438	19,649	137,407,915	67,466,402	249,761,929	14,025,342	865,489,748	61,324,055
Russia	22,484,392	120,000,000	8,861	35,724	201,535,064	50,042,608	47,875,369	4,577,059	"	"
Svizzera	41,389	2,917,754	3,398	8,848	92,270,196	23,530,233	36,092,882	1,898,617	488,014,283	54,710,720

VIII.

La situazione monetaria.

E infine, per dare ancora una idea relativa della situazione monetaria dell'Italia, giovano alcuni dati e confronti il cui significato è di
indiscutibile valore.

Quantità di monete per abitante nel 1899

(secondo la Tesoreria degli Stati Uniti, dal *Rapporto* presentato al Ministro
delle finanze di Francia per il 1900 dall'amministrazione di *Monnaies et médailles*).

	Oro	Argento	Carta	Totale
		(in dollari)		
Gran Brettagna . .	11,50	2,78	2,77	17,05
Stati Uniti	12,56	8,48	4,68	25,42
Germania	12,86	3,98	3 —	19,84
Francia . . .• . .	21,05	10.92	4,18	36,15
Russia	5,69	0,63	—	6,32
Austria Ungheria .	4,82	3.21	2,24	10,27
Belgio	4 54	6,82	12,50	23,86
Italia	3,09	1,38	5 52	9,99

Emissioni pubbliche nel 1899 e nel 1900
fatte per istituti di credito, società ferroviarie e società industriali

(secondo il *Bulletin de statistique et de législation comparée*, febbraio 1900 e marzo 1901).

	Istituti di credito		Ferrovie e società industriali	
	1899	1900	1899	1900
Gran Brettagna e colonie . .	205,685,000	139,375,000	2.152,407,500	2,160,355,000
Germania . . .	619,275,000	479,312,500	1,169,962,000	975,600,000
Francia e colonie	334,865 000	323,200,000	890,791,860	1,193,428,000
Russia	14,271,720	293,174,910	306,192 400	463,105,500
Austria Ungheria	95,007,150	2,572,500	77 791,870	210,969,890
Belgio	78,021,700	31,562,500	385,072.310	192,871,950
Italia	26,154,950	52,600,000	60,120,750	31,851,250

Saggio medio dello sconto dal 1886 al 1900

(secondo il *M niteur des intérèts matériels* del 6 gennaio 1901).

	Amsterdam p. %	Berlino p. %	Bruxelles p. %	Londra p. %	Parigi p. %	Roma p. %	Pietroburgo p. %	Vienna p. %
1886	2,50	3,29	2,75	3,04	3 —	,,	,,	4 —
1887	2,50	3.40	3.06	?,88	3 —	5,50	5,05	4,12
1888	2,50	3,33	3,27	3,30	3.10	5,50	5,34	4,16
1889	2,50	3,68	3,54	3 56	3,10	5,22	5,75	4,19
1890	2,50	4,38	3,20	4,55	3 —	6 —	5,85	4,52
1891	3,12	3,80	3 —	3,35	3 —	5,78	4,88	4,40
1892	2,70	3,20	2,70	2,54	2,66	5,20	4,88	4,02
1893	3,40	4,08	2,83	3,05	2,50	5 18	4,70	4,24
1894	2,58	3,12	3 —	2,11	2,50	5,70	4,50	4,09
1895	2,50	3,15	2,60	2 —	2,20	5 —	5 —	4,30
1896	3,02	3,65	2,85	2,48	2 —	5 —	6,05	4,09
1897	3,14	3,84	3 —	2,78	2 —	5 —	5,87	4 —
1898	2,75	4,28	3,04	3,26	2,20	5 —	5,27	4,16
1899	3,83	4,98	3,91	3,75	3,06	5 —	5,59	5,04
1900	3,60	5,33	4,03	3,96	3,23	5 —	6,07	4,57

I depositi delle Casse di risparmio

(da calcoli di Guillaume Fatio, *Économiste français*, 27 ottobre 1900).

Somma depositata in media per abitante di ciascun paese
e numero dei libretti per 100 abitanti.

	Somme		Libretti	
Danimarca . . .	lire 389,40	per abitante	46,12	per 100 abitanti
Svizzera . . .	» 325,30	»	42,29	»
Germania . . .	» 188,20	»	25,82	»
Norvegia . . .	» 185,80	»	29,74	»
Belgio	» 150,80	»	41,80	»
Austria Ungheria	» 135,40	»	12,22	»
Svezia	» 126,80	»	33,50	»
Francia	» 110,90	»	25,10	»
Gran Brettagna .	» 103,10	»	21,80	»
Italia	» 68,20	»	15,81	»

Naturalmente vi sono tanti altri modi per impiegare il danaro fuori che a Cassa di risparmio; e in Francia e in Inghilterra prevalgono i depositi bancari, che in Italia sono anche scarsi.

Banche di emissione.

Ammontare degli sconti fatti nel 1899 dalla Banca d'Italia, dal Banco di Napoli e dal Banco di Sicilia riuniti assieme . L. 2,807,015,942

Ammontare delle anticipazioni fatte dai tre istituti anzidetti . . . . » 347,656,418

Ammontare degli sconti fatti dalla sola *Banque de France* nel 1899 . . . . L. 11,745,984,100

Ammontare delle anticipazioni fatte dalla stessa Banca nel 1899 . . . . » 1,595 346.700

Con una popolazione di poco inferiore, l'Italia non ha avuto che 3145 milioni di sconti e anticipazioni delle banche di emissione, contro 13,341 fatti dalla sola Banca di Francia. Si tenga ora conto che la Francia ha istituti di credito di primissimo ordine, fra cui il *Crédit Lyonnais*, e che in Italia mancano istituti di credito ordinario, che per la loro importanza si possano paragonare loro.

DISCORSO SECONDO

La popolazione italiana nel secolo XIX.

DISCORSO SECONDO

La popolazione italiana nel secolo XIX.

Secolo è divisione convenzionale, che non ha nè meno una base astronomica, come il giorno o l'anno. È cosa che tutti sappiamo; pure non ci siamo distaccati dal secolo XIX senza una certa pena. Poco importa che il primo giorno del 1901 non sia stato quasi in nulla diverso dall'ultimo del 1900. Noi abbiamo sentito che qualche cosa di noi andava via: il secolo passato ci ha visto tutti nascere e noi lo abbiam visto morire. Guardiamo con una certa diffidenza questo nuovo secolo, che noi abbiamo visto tutti nascere e che ci vedrà tutti morire.

Forse questo stato d'animo non rende ancor sicuro il giudizio nostro sul secolo testè trascorso: e forse ci rende propensi ad esagerarne la grandezza.

Ma possiamo senza tema di esagerazione dire che mai in un periodo tanto breve l'umanità si è trasformata così profondamente; che mai le abitudini si sono così profondamente mutate; che mai la produzione della ricchezza si è svolta tanto rapidamente come in questi cento anni, che nell'infinità del tempo sono pure un così piccolo spazio.

La popolazione dell'Europa si è raddoppiata e nuovi continenti si sono dischiusi alla penetrazione della civiltà. La carta d'Africa, ancora al principio del secolo XIX, non era che un enorme spazio bianco in un'immensa distesa di coste: e se nel bianco non appariva, come nelle carte vaticane, il motto pauroso: *hic sunt leones*, pareva che la civiltà non dovesse mai penetrare. L'Asia immane si è ridestata: il Giappone non ha quasi nulla da invidiare all'Europa. L'America e l'Australia sono giunte a tal grado di sviluppo, che, piuttosto che imitare, pare abbian bisogno e desiderio di essere imitate.

Settecentocinquantamila chilometri di ferrovia traversano il mondo in tutti i sensi; il telegrafo unisce i più lontani paesi. Il trasporto costa per via di terra nei paesi più fortunati appena 1 centesimo e mezzo per tonnellata chilometrica; per via di mare i piroscafi enormi che traversano l'oceano in tutte le direzioni trasportano spesso a mezzo centesimo per tonnellata chilometrica.

Oramai, in tariffe di concorrenza, andare in America costa assai meno che non costasse un secolo fa andare da Napoli a Lecce.

Le trasformazioni delle industrie tessili; delle industrie metallurgiche; delle industrie dei colori, sembra che abbiano qualche cosa di fantastico. È stato tale *il vertiginoso aumento dei prodotti industriali, che il basso prezzo di essi ha potuto coincidere con una più grande retribuzione del lavoro.*

Lo statistico americano Austin, capo dell'ufficio di statistica di Washington, calcolava di recente che mentre il numero degli uomini si è raddoppiato nel secolo XIX, il commercio internazionale è passato da 2.31 a 13.27 per abitante; il tonnellaggio delle navi è cresciuto di nove volte; l'area coltivata si è più che raddoppiata; la produzione del cotone è passata da 520 a 5900 milioni di *pounds*; la produzione del carbon fossile da 11 a 610 milioni di tonnellate; quella del ferro da 460 mila a 37 milioni di tonnellate; oltre a un immenso sviluppo di ferrovie, di telegrafi, di cavi marittimi, mezzi di trasporto o di comunicazione del tutto ignoti al principio del secolo XIX (1).

Dal punto di vista del progresso materiale giammai l'umanità in migliaia di anni ha progredito come in questo breve periodo di tempo: i progressi compiuti anzi hanno qualche cosa di fantastico.

La macchina a vapore di Stephenson parve la più grande meraviglia del mondo; pure era un giocattolo in paragone delle macchine attuali. Pesava 4300 chilogrammi e trasportava in piano 13 tonnellate a 22 chilometri all'ora. Adesso le macchine a vapore *monstres* pesano 90,000 chilogrammi senza il *tender* e trasportano enormi carichi per .vie accidentate, con velocità che raggiungono 110 chilometri all'ora. E già le macchine a vapore ci sembrano strumenti da museo. Anche le più perfezionate fra esse, le macchine a triplice espansione, non utilizzano che l'ottava parte del carbone che consumano!

Una carta industriale dell'Europa al principio del secolo non ha nulla di comune con una carta fatta alla fine.

Anche le coltivazioni agricole sono profondamente cambiate: le zone di culture nuove sono numerose. Molte culture sono state introdotte. Alcune sono state profondamente rinnovate, come la vite; le piante leguminose hanno avuto uno sviluppo straordinario. Fra le culture nuove, quella che ha più invaso l'Europa è la patata, quasi ancor ignota dopo la propaganda fatta per essa da Parmentier.

La barbabietola, a sua volta, dopo il blocco continentale, si è estesa dovunque: ora lo zucchero si vende in alcuni paesi a pochi soldi il chilogrammo.

Così molte culture si sono ringiovanite, altre sono state introdotte.

Il secolo XIX è contrassegnato da tre grandi fatti: applicazione di poderose forze naturali alla produzione; accre-

<hr>

(1) O. P. AUSTIN: *A Century of International Commerce* nella *North American Review* di novembre 1900.

scimento straordinario della popolazione del mondo; accrescimento ancor più rapido della ricchezza generale.

Tutto il reddito annuale dell'Inghilterra, secondo Dudley Baxter, era al principio del secolo di 350 milioni di sterline: e dieci anni or sono era calcolato da Bowley in 1611 milioni di sterline (1).

Senza dubbio non tutti hanno progredito allo stesso modo: ma anche bisogna dire che, a causa delle nuove applicazioni all'industria e all'agricoltura, la ricchezza è cresciuta dovunque.

Economicamente gli uomini valgono ora assai di più che in passato.

Ma durante il secolo XIX i popoli così detti latini, mutate le basi della produzione, hanno perduto quella egemonia industriale e commerciale di cui da gran tempo godevano. La loro decadenza era già cominciata dalla scoverta dell'America; nel secolo XIX, pure avendo molto progredito, si son trovati di fronte a nuclei sociali messi in condizioni più vantaggiose di sviluppo.

L'Europa, che al principio del secolo XIX non aveva che 175 milioni di abitanti, ne ha ora quasi 400: Sundbärg calcolava 382 milioni nel 1897.

La popolazione d'Italia si è quasi raddoppiata; ma per numero di abitanti il nostro paese ha conservato in Europa la posizione che aveva: *l'Italia rappresentava un secolo fa poco meno che la decima parte della popolazione d'Europa: ora rappresenta poco meno di un dodicesimo.* Altri paesi sono cresciuti più di noi: altri hanno perduto la loro posizione relativa.

La Francia sopra tutto è diminuita: rappresentava presso a poco la sesta parte d'Europa e ora rappresenta circa un decimo. Invece si sono più che raddoppiate la Germania,

(1) NITTI: *Lezioni di scienza delle finanze.* Napoli, 1901, pag. 48.

la Russia e la Gran Brettagna. Altre nazioni nuove sono scese nella lotta con meravigliosa energia; alcuni piccoli popoli sopra tutto hanno sbalordito il mondo per la loro vigoria.

Dai calcoli del signor von Fircks risulta che, quantunque la natalità dell'Italia sia rimasta sempre elevata, l'aumento geometrico annuo non è stato molto rilevante: e in generale le nazioni di civiltà più antica, per lo spostamento avvenuto nella produzione, non sono notevolmente cresciute (1).

L'aumento geometrico annuo della popolazione, negli anni dal 1800 al 1895 per ogni 1000 abitanti, è stato il seguente:

Inghilterra e Galles	13.6	Belgio	8.0
Russia	10.4	Svezia	7.8
Serbia	10.0	Austria	6.7
Scozia	9.7	Ungheria	6.4
Danimarca	9.6	Italia	5.7
Finlandia	9.1	Svizzera	5.7
Norvegia	8.9	Spagna	4.9
Olanda	8.6	Francia	3.8
Germania	8.0	Irlanda	2.0

In altri termini, fra le grandi nazioni d'Europa sono cresciute di più l'Inghilterra, la Russia e la Germania; sono cresciute di meno l'Italia, la Spagna, la Francia.

Sono cresciuti sopra tutto i paesi nuovi, che hanno assorbito l'eccesso di popolazione dell'Europa e si sono trovati in condizioni di produzione e di scambio estremamente vantaggiose.

Sempre, secondo i calcoli del von Fircks, l'aumento annuo è stato in alcuni paesi fuori d'Europa:

Stati Uniti d'America (1790-1890)	28.1
Canada (1800-1894)	33.5
Australia (1861-1891)	43.6

---

(1) A. von FIRCKS: *Bevölkerungslehre und Bevölkerungspolitik*, Leipzig, 1898, pag. 196-198.

Dove prima non era nulla sono sorti nuclei poderosi di civiltà: anzi i più poderosi gruppi industriali che abbia l'umanità.

La Francia presenta il caso più notevole di diminuzione relativa: essa è ben lontana dall'avere ora l'importanza che avea nel mondo al principio del secolo XIX. Ha dentro di sè tali energie intellettuali e morali e possiede tanta ricchezza, che è ancora un grande centro di civiltà; ma è un centro assai minore. Nel 1700 la popolazione della Francia, dell'Inghilterra, dell'Impero germanico, compresi i possessi della casa d'Austria, era di 50 milioni di abitanti. La Francia rappresentava 38 % del totale (1); adesso è in proporzione di gran lunga minore.

Ma poichè l'Europa è parso un campo assai angusto di lotta, si sono formati imperi coloniali di cui la storia non ha esempio. L'enorme produzione industriale ha spinto i paesi dell'Europa settentrionale a tentare di avere mercati nuovi nelle colonie.

L'Inghilterra domina ora su un impero di oltre 28 milioni di chilometri quadrati: cioè sopra cento volte l'estensione dell'Italia; sopra un impero che è almeno tre volte più grande del maggiore impero di Roma antica. Forse il dominio è in qualche caso solo nominale; ma non si può pensare alla sua immensità senza avere le vertigini.

La Russia, uscita in parte da un medioevo che è durato fino al principio del secolo passato, impera sopra un territorio che è grande ottanta volte l'Italia e sembra desiderosa di nuove terre e di nuovi mari.

Uscirà la Cina anch'essa dal suo torpore secolare?

Il Giappone ha mostrato in pochi anni come la pretesa inferiorità degli uomini gialli non abbia nulla di inevitabile.

Se domani la Cina seguisse la trasformazione del Giappone, che parea ancora trent'anni or sono impossibile, an-

----

(1) LEVASSEUR: *La population française*, etc., tom. III, pag. 232.

cora una volta la produzione e gli scambi verrebbero, come la politica internazionale, a mutare di base.

Adesso tre imperi dominano da soli assai più della metà del genere umano: l'Impero britannico su 388 milioni di uomini, l'Impero cinese su 357, l'Impero russo su 127.

Vi fu un tempo (e non è assai lontano) in cui la lingua italiana era fra le lingue più parlate del mondo: era inoltre la lingua del commercio e quella in cui la letteratura pareva dovesse dare i più grandi capilavori. Ora fra le lingue europee la italiana occupa il sesto posto per il numero di coloro che la parlano in e fuori d'Europa: la lingua inglese, che nel secolo XVII era parlata assai meno della italiana, ora è diffusa nel mondo quasi quattro volte di più.

L'Italia non è ora nel mondo fra i nuclei maggiori di popolazione e di civiltà.

L'Italia, in rapporto alla popolazione, è uno dei paesi più abitati del mondo: tenendo conto delle ragioni già dette nella precedente lezione è anzi il più denso d'Europa. *L'Italia è sempre uno dei paesi in cui si nasce di più.* Così *la terra*, diventata troppo angusta per tanto numero di genti, *spinge ad uscire.* Tre milioni d'italiani sono fuori d'Italia, a tentare la sorte e sopra tutto a cercare altrove vita migliore.

La demografia, che è oramai una delle scienze le quali più hanno progredito, mediante metodiche osservazioni in massa ci ha messo in grado di studiare la popolazione come organismo: di cercare le leggi, dove, secondo le vecchie concezioni, pareva che imperasse il caso. Ora dal punto di vista demografico le nascite e le morti, e il modo come la popolazione si distribuisce, sono studiati con sufficiente ampiezza.

D'ordinario le nascite non scendono sopra ogni 1000 abitanti al di sotto di 20 e non superano 50: tra i grandi paesi d'Europa le due nazioni alleate, la Francia e la Russia, rappresentano appunto il minimo e il massimo. La Francia ha poco al disopra di 20 nascite; la Germania 36 all'incirca; in Italia le nascite sono state per molti anni al disopra di 38 e sono ora 36.

I poveri fanno più figliuoli dei ricchi: è un fatto assodato quasi dovunque. Anche a Napoli nel quartiere San Ferdinando e nel quartiere di Chiaia si nasce assai meno che a Vicaria e a Mercato e a San Lorenzo, cioè nei quartieri dei poveri. Si può dire che il quartiere San Ferdinando si accosti alla natalità della Francia e il quartiere San Lorenzo e quella della Russia. Così sotto lo stesso cielo e dentro le stesse mura, da genti della stessa razza si nasce diversamente: tanta è la importanza dei fatti economici nella vita sociale.

Ebbene questa natalità alta, che è ragione di inquietudine per il maggior numero, per me è ancora ragione di allegrezza.

I paesi con poche nascite sono come le case senza sole, come le famiglie senza figliuoli. Gl'inglesi e i tedeschi non sarebbero andati per il mondo a tentare la sorte, se avessero avuto la famiglia francese con due figliuoli. La Francia è ricca; ma diminuisce *relativamente* ogni giorno. Ha 38 milioni e mezzo di abitanti; ma già gli stranieri sono oltre un milione. Se il vuoto si formerà più ancora, gli stranieri accorreranno. La Francia è ricca di colonie; ma già in qualcuna delle sue colonie, gl'italiani sono più numerosi dei francesi.

Un insigne uomo di stato francese mi diceva qualche tempo fa che il vecchio motto secondo cui la Francia è composta di *actionnaires*, di *fonctionnaires* e di *factionnaires*, comincia a trovare riscontro nella realtà. E quel grande e nobile paese, che ha tanta luce di pensiero, è più che inquieto dell'avvenire.

Al contrario i paesi fertili di uomini, sia pure traverso la sofferenza, dovranno espandersi.

Ricordate nell'*Amico Fritz* l'apostrofe del rabbino contro i celibi: — « Voi, vecchi celibi, voi non siete che epicurei inutili. Guardate questa razza israelita tanto disprezzata, perseguitata dovunque, bandita dovunque; è alla fecondità delle sue donne che essa deve la sua lunga esistenza e la sua prosperità attuale. E gli inglesi e gli americani! essi non hanno paura di moltiplicarsi, ed è perciò che covrono la terra dei loro popoli e delle loro ricchezze »...

E bene, per quanto ciò sembri strano per uno studioso di statistica e di demografia, io sono dell'opinione del rabbino!

Il mondo è ancora in tanta parte inoccupato; ancora tante zolle l'aratro fecondatore non ha mai smosse. Ancora adesso l'Asia, l'Africa, l'America, l'Australia, cioè la più gran parte del mondo, contengono tesori inesplorati, ricchezze incalcolabili. Quei popoli che si espanderanno di più, che saranno più prolifici, più attivi, sono quelli che conquisteranno l'avvenire.

Le società sterili sono come gli uomini sterili, come i vecchi celibi: non vivono che delle piccole angustie e dei piccoli godimenti di ogni giorno. La fecondità è la vita stessa; e ciò che vi è di tormentoso in essa, è la causa del progresso, è la causa della ricchezza.

Malthus scriveva per il suo vecchio mondo, per l'Europa del principio del secolo XIX: e al grande acume scientifico, che fece di lui il creatore della demografia, univa una concezione del mondo omai sorpassata da gran tempo.

Le nazioni che prevarranno sono quelle che avranno come base il numero. Anche un piccolo popolo può esser grande per civiltà; ma oramai i piccoli agglomerati hanno una importanza sempre minore, ed esiste un processo unitario non solo per le nazioni, ma per i grandi gruppi storici ed etnici, che è impossibile negare (1).

Un arresto o una grande diminuzione di natalità sono sintomo sicuro di decadenza avvenire. Sulla Francia pesano già più che le battaglie perdute l'arresto della sua popolazione: e il grande numero di nomi stranieri nelle classi di-

(1) Le mie idee sulla popolazione ho svolte nel libro: *La popolazione e il sistema sociale*. Torino, Roux, 1894.

5 — F. S. NITTI.

rigenti e la invasione di elementi esotici e la necessità di ricorrere al lavoro straniero, sono segni di decadenza (1).

La ricchezza è un grande indice di prosperità; è anche prova del vigore d'una nazione. Ma essa non è tutto; o per dir meglio, il godimento della ricchezza presente non è sempre causa di futura grandezza. Che cosa era ancora ieri la Germania con la sua povertà e i suoi filosofi? Ma la povertà operosa e feconda di ieri ha preparato l'espansione dei tedeschi nel mondo. Anche l'Ellade e Roma ebbero la ricchezza e morirono di quella malattia, che ora attacca la Francia, l'oligantropia.

Le istituzioni umane non sono state date agli uomini da genii superiori, esse sono *divenute* spesso a insaputa degli uomini: i più grandi progressi sono stati compiuti sotto la pressione della necessità, spesso traverso il dolore. La petrificazione di un popolo nella sua immobilità, il consolidamento di una popolazione, vogliono dire la loro decadenza. Se ora la natalità dell'Europa diminuisce, è che diminuisce anche la mortalità; ma la quota di accrescimento geometrico annuo si mantiene sempre assai alta nei paesi che più rapidamente progrediscono. Il giorno in cui l'Europa diminuisse la sua natalità, sì come la Francia, non avrebbe più emigrazione, non avrebbe più espansione: e la sua situazione nel mondo diminuirebbe. Anzi sarebbe invasa da popoli più fecondi e quindi più espansivi e forti.

Il problema dell'accrescimento della popolazione è solo in parte un problema economico: e il torto anzi degli economisti è di volerlo considerare solo dal punto di vista assai gretto dei rapporti fra una determinata popolazione e il numero di sussistenze di cui essa dispone. Ma come nella vita degli individui il successo e l'insuccesso non dipendono solo

(1) AMMON: *L'ordre social et ses bases naturelles*. Paris, 1900, pagina 216.

dalla ricchezza, anzi spesso si va alla ricchezza traverso la povertà, così nella vita delle nazioni.

Ancora il più bel segno che presenti l'Italia è che, durante tutto un secolo in cui le mutate condizioni della produzione ne limitavano lo sviluppo economico, ha avuto un accrescimento di popolazione di molto superiore a quello delle altre così dette nazioni latine.

Un popolo che si rinchiude in sè stesso decade: e un paese che vive del presente non ha avvenire.

Noi che siamo poveri guardiamo con invidia i paesi ricchi; ma i popoli che hanno maggiore avvenire sono non già quelli che godono della loro ricchezza, ma quelli che si espandono. Come a Venezia e a Genova i principi mercanti venivano spesso soverchiati da piccoli commercianti arditi, così anche adesso nel mercato degli affari sono gli organismi giovani e intraprendenti che spesso riescono ad atterrare case potenti e per loro stessa potenza circospette e legate alla tradizione (1).

P. Leroy Beaulieu dice che fra le grandi case di commercio e di banca formatesi in Europa nel secolo XVIII, nessuna ha conservata la sua importanza tranne la casa Rothschild; anzi quasi tutte sono scomparse. La stessa casa Rothschild, dice Leroy Beaulieu, è diventata piuttosto una casa che si arricchisce mediante l'economia perseverante, che per la direzione impressa alle sue intraprese. « Sotto il secondo impero, in Francia, egli dice, l'impulso finanziario fu dato, tanto nel nostro paese che in tutta l'Europa occidentale e centrale, da *uomini nuovi*, i fratelli Pereire; così in Germania i nomi principali della finanza contemporanea non hanno che una notorietà recente ». Leroy Beaulieu cita acutamente a questo proposito la frase celebre di un romanziere: *J'entends un bruit de bottes vernies qui descendent et de sabots qui montent* (2).

I paesi ricchi con piccola natalità si riducono man mano

---

(1) W. BAGEHOT: *Lombard Street* (trad. franc.), pag. 8 e seg.
(2) LEROY BEAULIEU: *Traité d'économie politique*, tom. III, pag. 393.

a vivere più che della loro attività, dei loro investimenti.
Perchè tentare la sorte? Non è meglio collocare i capitali
in valori sicuri? E prima o dopo quei paesi finiscono con
essere sopraffatti, come i principi mercanti, dalle nuove
intraprese che sorgono, dall'audacia degli uomini nuovi.

Vi sono, in Europa, due tipi di nazioni che noi possiamo
imitare; o per dir meglio, poichè l'imitazione è cosa poco
desiderabile, che noi possiamo tener presenti, la Francia e
la Germania; *senza dubbio noi abbiamo però risorse naturali
di gran lunga minori dell'una e dell'altra.*

Vorrei rendere la differenza evidente; e servirà forse meglio
un esempio.

Supponiamo una famiglia agiata, in cui i coniugi si siano
sposati tardi per non avere che poca prole o non avere più
che due figli; se il figliuolo è un maschio, si preferisce per
lui il posto sicuro in una carriera con l'aggiunta di una
buona rendita; se è una femmina, si cerca sopra tutto costi-
tuirle una larga dote. In ogni modo nessuna iniziativa au-
dace; l'attesa prima, il risparmio ordinato dopo. Facilmente
i due figliuoli faranno la stessa vita, nella stessa vana attesa
della felicità che non si raggiunge; perchè le due cose migliori che ha il mondo sono la speranza e la lotta.

Ora pensate a un'altra famiglia, in cui il matrimonio sia
avvenuto in età giovanile e senza avere in vista scopi finanziari o di ricchezza. Pensate che siano nati sei o sette figliuoli,
allevati con grandi sforzi, resi possibili dalla speranza. Poichè
un solo non può mantenere tutti, occorre che le donne lavo-
rino anch'esse e che gli uomini vadano per il mondo a tentare
la sorte. E bene, qualcuno forse non vincerà; ma poi, dopo,
l'uno aiuterà l'altro o tutti faranno la loro via da soli. Si
comincia da garzone per finire padrone; da commesso per
divenire banchiere. Così la famiglia si espande, e se essa ha
spirito di elevazione si eleva.

Ebbene in questi due indirizzi voi vedete la Francia e la
Germania, e vi spiegate come la prima, anche ricchissima,
viva nelle ansie del domani; e come la seconda, ancor ieri

povera, cammini nell'avvenire; vi spiegate perchè la Germania invada gli spazi che la Francia abbandona.

L'Italia è assai preferibile che segua l'indirizzo della Germania, piuttosto che quello della Francia.

E d'altronde, essa che non è ricca se non di uomini poveri, non può seguire altro indirizzo.

Niente più gioverebbe all'educazione degli italiani come un libro, il quale facesse la storia economica e sociale della Germania dopo il movimento ideologico, impresso alla nazione tedesca dalla grande opera di elevazione della coscienza nazionale intrapresa da Gottlieb Fichte.

La Germania senza dubbio ha ricchezze *naturali* assai maggiori dell'Italia. Assai meno densa di uomini, essa occupa nel mondo il terzo posto nella produzione del carbon fossile; ne produce anzi quattro volte più della Francia. Occupa inoltre oramai il secondo posto nella produzione dei minerali di ferro, di cui è largamente provvista e in cui è giunta a sorpassare la produzione dell'Inghilterra. La Germania aveva dunque difficoltà di sviluppo assai minori che non abbia ora il paese nostro, cui la natura e la storia misero in condizioni non vantaggiose. Ma la Germania ha fatto la sua educazione industriale sotto la spinta, direi nel tormento di una popolazione sempre in accrescimento rapido. La folla di artigiani che ha preparato i mercati nuovi, la folla di commessi viaggiatori che ha aperto le vie all'industria e creato il grande commercio, sono il fatto caratteristico di un paese fecondo di uomini (1).

La Francia rimpiange l'Alsazia e la Lorena; ma se la sua natalità fosse stata quella della Germania o dell'Italia dopo il 1870, essa avrebbe, oltre l'attuale, una popolazione otto o nove volte superiore a quella dell'Alsazia e della Lorena. « Perdita tanto più notevole — nota lo scrittore francese

---

(1) G. ROUVIER: *La plus grande Allemagne*, nella *Nouvelle Revue* del 1º settembre 1899.

che ha meglio studiato lo sviluppo industriale della Germania
— perchè questo supplemento di nascite che ci manca avrebbe
formato precisamente la parte della popolazione che, stimolata
dal bisogno, avrebbe saputo più abilmente combattere nella
battaglia economica, quella che si sarebbe sparsa nel mondo
per cercare mercati, e che avrebbe più contribuito allo sviluppo e alla grandezza del paese. Si è detto con ragione:
la France manque de cadets. Vi è un rapporto diretto fra
i fatti che riguardano la popolazione e quelli che riguardano
l'industria e il commercio » (1).

Ma chi costituisca una famiglia senza risorse, e non osi e
non tenti e non raddoppi di energia, vede fatalmente la
morte decimare i figliuoli e l'avvenire aprirsi fosco.

Ogni individuo che compare nella nostra società e che bisogna educare, ha per la società stessa il suo *costo;* perchè
rappresenti un benefizio deve avere una *produttività* maggiore
del costo.

La statistica non manca di scrutare anche questi rapporti,
e qualche statistico ha osato perfino ricercare quale possa
essere il costo di allevamento di un uomo. Engel ritiene che
il bambino alla nascita costi già in media 100 marchi, e ne
costi 110 nel primo anno di vita, 120 nel secondo, ecc. Sono
calcoli che non hanno nulla di preciso, ma che servono a
dimostrare un rapporto (2).

Ora in Italia, al grande numero dei figliuoli non corrisponde una pari energia. L'educazione scolastica che ci fa
aborrire le responsabilità e avvia piuttosto a diventare impiegati che produttori; la scarsa istruzione del popolo; fanno
sì che si produca ancora troppo poco per ciò che si consuma.

I ricchi muoiono meno dei poveri, e soffrono anche meno
malattie. Ora tutti i dati che noi abbiamo relativi alla

(1) BLONDEL: *L'essor industriel et commercial du peuple allemand,*
2me edition, Paris 1899, pag. 23. Cfr. FRARY: *Le péril national,* pagina 265; DEBURY: *Un pays de célibataires et de fils uniques,* cap. II;
C. MOURRE nella *Réforme sociale* del 1° luglio 1898.
(2) BENINI: *Demografia,* pag. 55.

mortalità ci dànno come assai elevato il numero delle malattie in tutta la penisola, sopratutto nel sud.

La morte colpisce in Italia più duramente che nella maggior parte d'Europa, con larga prevalenza di quelle malattie che contrassegnano uno stato di povertà.

Anche a Napoli i poveri muoiono in generale molto più dei ricchi; in alcuni anni la morte ha colpito i quartieri poveri due volte più dei ricchi. Così come non esiste l'eguaglianza dinanzi alla vita, non esiste dinanzi alla morte.

Quando si considerino grandi masse di uomini, la mortalità elevata indica sempre condizioni di esistenza cattive.

Ora fra i maggiori Stati d'Europa, l'Italia insieme alla Russia e all'Ungheria è nel doloroso primato della morte. Ma un indice notevole delle migliorate condizioni è nel fatto che la mortalità nostra è in continua diminuzione; in un quarto di secolo, dal 1872 al 1897, la mortalità per mille abitanti è passata da 30,7 a 22.1.

È forse ancora assai poco! La mortalità dell'Inghilterra è scesa a 20,96 per mille abitanti; quella della Danimarca a 18,37, quella della Svezia a 16,78. Ma non si può negare che i sintomi siano buoni e facciano bene sperare per l'avvenire.

Ciò che costituisce un sintomo eccellente è la elevazione morale della famiglia nella più gran parte d'Italia. La famiglia non solo è la base di ogni felicità, ma è la base di ogni progresso morale; e le società in cui lo spirito di famiglia decade, presto o tardi sono colpite nel loro sviluppo. La nuzialità elevata, i costumi famigliari onesti, la fedeltà coniugale, sono condizioni di sviluppo morale. Ora l'Italia presenta da questo punto di vista alcuni sintomi che non vanno trascurati. Essa è non solo un paese fecondo, ma la moralità familiare è generalmente alta.

Noi non abbiamo il divorzio, ma solo la separazione legale; e pure le separazioni non sono molte.

Secondo i calcoli del von Fircks, nei principali Stati di Europa, il numero di separazioni legali e di divorzi negli ultimi anni è stato in Europa, su 100,000 coppie coniugali esistenti, il seguente nei principali Stati (1).

Svizzera . . .	208,8	Ungheria . . .	30,5
Danimarca . .	184,0	Baviera. . . .	27,1
Sassonia . . .	158,3	Austria	19,7
Francia . . .	80,9	Norvegia . . .	19,3
Prussia . . .	80,6	Scozia	16,7
Olanda . . .	64,7	Italia	10,6
Wurtemberg . .	45,3	Finlandia . . .	10,0
Belgio	43,0	Inghilterra e Galles	7,0
Svezia	31,6	Irlanda	1,1

Senza dubbio nessuno oserebbe dire che la Svizzera e la Danimarca siano paesi immorali; ma è del pari vero che la compagine della famiglia non appare molto solida.

D'altra parte l'età dei matrimoni e lo scarso numero di illegittimi sono, insieme alla fecondità della popolazione, sintomo di una energia morale, che ha resistito anche alla povertà. Il numero di nati illegittimi in Italia è inferiore a quello della più gran parte dei paesi d'Europa (2); e l'Italia unisce a una notevole forza di riproduzione una morale familiare generalmente elevata, che è ragione di fiducia nell'avvenire.

Pure non si può negare che se la Francia si preoccupa di non aver cadetti, l'Italia si preoccupa di averne troppi. Anche la Germania ne ha moltissimi, ma riesce ad occuparli nelle industrie e nei traffici.

Nel 1897 sono nati in Italia 1,101,848 individui; cioè poco oltre 35 per ogni 1000 abitanti; ne sono morti 695,602, cioè poco oltre 22 per ogni mille abitanti. Quindi in ogni paese di 1000 abitanti sono comparsi 13 ospiti di più da

(1) VON FIRKS: op. cit., pag. 240-242.

(2) V. il volume della « Direzione generale di statistica » *Movimento della popolazione. Confronti internazionali*, Parte I, pag. 183 e seg.

nutrire. E come si potrebbero, se la terra è così limitata; se le materie prime necessarie nell'industria sono sì scarse; se i capitali sono così pochi?

Ond'è che l'emigrazione è venuta come una valvola di sicurezza a impedire esplosioni violente e a fare uscire ciò che vi è di eccessivo. Noi mandiamo all'estero masse enorme di uomini, 300 mila all'incirca ogni anno.

Nel 1899 hanno emigrato 308 mila italiani; di cui 131 mila si sono recati direttamente in America in gran parte con la intenzione di non tornare.

L'emigrazione è stata per molti anni come un immenso fiume di miseria. Ma essa sola ci ha salvato dalla degradazione; essa ha tracciato nuove. vie e nuovi orizzonti all'industria; e combattuta dagli uomini di Stato, che non la intendevano e l'ostacolavano, ha fatto sorgere di là all'Oceano una nuova e più grande Italia.

Le così dette terre incolte, su cui la ciarlataneria politica e l'ignoranza hanno fatto sorgere illusioni strane, non basterebbero, se fosse possibile e conveniente coltivarle, che ad assorbire la emigrazione di tre o quattro anni. E dopo?

Mercè l'emigrazione, la popolazione italiana, la quale ha un *accrescimento naturale* che spesso sorpassa il 10 per 1000, vede la popolazione crescere annualmente in misura assai più tenue e presentare quindi una velocità di accrescimento molto minore.

Il massimo accrescimento naturale della popolazione è dato in Europa dalla Sassonia, la quale, perdurando la media delle nascite avvenute nel periodo 1871-1895, raddoppierebbe in 49 anni circa; il minimo alla Francia, cui occorrerebbero per raddoppiarsi 462 anni, se un forte contingente di stranieri non mitigasse una situazione demografica estremamente penosa. L'Italia raddoppierebbe in 76 anni, cioè in più breve tempo, oltre che della Francia, dell'Austria-Ungheria, della Svizzera, ecc. (1).

_____

(1) Cfr. Von Fircks: loc. cit.

A spiegarci lo stato di malessere della vita italiana basta *osservare in quale misura crescano la popolazione e la ricchezza;* mentre i bisogni della vita moderna incalzano e nuove abitudini di agiatezza si fanno strada, la ricchezza procede pigramente.

La *capitalizzazione annuale,* cioè la differenza fra quello che gl'italiani producono e quello che spendono ogni anno, ora è un decennio calcolata a circa mezzo miliardo; i calcoli più ottimisti danno ora una capitalizzazione che rimarrebbe intorno agli 800 milioni. Quando si pensi che con popolazione di poco inferiore, la Prussia capitalizza assai più che due miliardi; che la Francia con un numero di abitanti di meno che sei milioni superiore all'Italia, capitalizza circa tre miliardi e mezzo; allora si sentirà tutto il disquilibrio nostro e s'intenderanno tutte le ragioni del malessere. *La nostra popolazione tende a raddoppiare in 76 anni; la nostra ricchezza cresce in proporzione di poco superiore* (1).

Alcuni paesi in Europa hanno popolazione stagnante e produzione rilevante di ricchezza. Onde essi esportano capitali, sì come avviene in Francia, il cui caso è veramente tipico. Questi paesi hanno in sè stessi la loro debolezza avvenire, poichè si troveranno stretti da popoli più audaci e più espansivi.

Vi sono invece paesi come l'Italia, come la Polonia, come la Russia, i quali esportano uomini; ancora trent'anni or sono la Germania era nel novero di essi. I paesi che esportano uomini, se sanno aprirsi nuove vie commerciali e intensificare la loro produzione industriale, possono guardare in faccia all'avvenire con sicura fiducia.

Vi sono infine paesi i quali hanno raggiunto ciò che è più desiderabile: uno sviluppo grande di popolazione e uno sviluppo più grande di ricchezza, ed esportano uomini e capitali. In questa categoria è l'Inghilterra, la quale però ha

---

(1) BODIO: *Di alcuni indici misuratori del movimento economico in Italia,* 2ª ediz., Roma, 1891, pag. 132.

forse un po' abusato della sua grandezza; entra ora la Germania, meravigliosa per la rapidità del suo successo, conquistato per forza mirabile di disciplina e per continuità e vigore di propositi.

Messa in condizioni così difficili, con scarse risorse materiali, con una popolazione che è la più grande di Europa relativamente al territorio, l'Italia dovrebbe utilizzare tutte le energie e riunire tutti gli sforzi per la grande opera di trasformazione economica. L'intenso sforzo di tutte le anime più forti, che assicurò il regime unitario e liberale, e ci liberò dalle servitù straniere, dovrebbe ora essere indirizzato a liberarci da una servitù anche peggiore, che è la povertà.

Il male più grande è nel fatto che piuttosto che utilizzare tutte le energie in vista di una meta più alta, si tenda invece a disperderle.

Da questo punto di vista, la statistica delle professioni è veramente ragione di tristezza.

Professione vuol dire statisticamente *l'appartenenza di una persona a un ramo di attività esercitato a scopo di reddito, o per obbligo imposto dagli ordinamenti politici.*

Noi non abbiamo dati recenti e dobbiamo contentarci di averne assai pochi. Ma da essi *l'Italia appare concordemente come uno dei paesi in cui il parassitismo è più grande,* dove invece si dovrebbe tendere a evitare ogni dispersione.

Amleto si chiedeva: Che cosa è questa febbrile attività che fa della notte la fida compagna del giorno? E noi dovremmo chiederci: Che cosa è questo torpore, che fa del giorno il fido compagno della notte?

È vero che le difficoltà di sviluppo sono grandi; ma è vero pure che manca assai spesso quello spirito di elevazione che solo rende possibile ai popoli di progredire rapidamente e di espandersi.

In pochi paesi d'Europa, in basso e in alto, vi è tanto

numero di persone che non lavorano; in basso per disoccupazione o per incapacità o per degradamento; in alto per oziosità o per mala tradizione.

Diciamo tutti concordemente male dello Stato; ma aspettiamo che ogni cosa ci venga da esso.

Chi possiede dei capitali preferisce gl'investimenti sicuri della rendita pubblica a quelli aleatori dell'industria. Vivere di rendita e sposare una dote è il sogno del maggior numero; e chi non è *rentier* sogna di essere impiegato.

In alcuni paesi dell'Indocina i mandarini si fanno crescere le unghie smisuratamente e le attorcigliano a spirali per dimostrare che non hanno mai adoperate le mani nel lavoro. Quanti delle nostre classi ricche potrebbero e dovrebbero abbandonarsi a questo esercizio! *Chi non lavora non mangi*, avea detto San Paolo; a noi chi non lavora par degno d'invidia piuttosto che di disprezzo. E anche contro le energie troppo grandi esiste una specie di avversione; che vogliono? dove vanno?

Invece di andare con le mani tese verso la vita, noi tolleriamo ciò che è sterile, e spesso prediligiamo le cose morte, per imperio di tradizione e più per fiacchezza di volontà e per poca fiducia in noi stessi.

Nelle nostre classi medie la ricchezza non è considerata come un grande stromento di lotta, come preparazione di nuova ricchezza, ma piuttosto come una cosa da godere. La vita senza lotta pare l'ideale; la felicità pare che stia nel non avere alcuna responsabilità, nel poter vivere di ciò che altri ha raccolto, vivere senza far nulla, di una vita esteriore, nella immobilità dello spirito: ecco il sogno del maggior numero.

Poi che la politica italiana ha sacrificato negli ultimi venti anni qualche miliardo o assai più per scopi o folli o vani o sterili, e non ha trovato — caso unico e vergognoso nel mondo — un milione per fare il censimento nel 1891; della statistica delle professioni si sa solo ciò che fu rilevato dal censimento del 1881. Ma secondo il censimento del 1881, la proporzione della popolazione non addetta all'agricoltura, alle industrie, ai commerci e ai traffici, ma vivente del culto, della giurisprudenza, delle professioni sanitarie, era rilevante; più rilevante ancora quello dei capitalisti, proprietari e pensionati; relativamente assai elevate le professioni girovaghe, e grandissimo il numero delle persone senza professione o senza determinazione (1).

In scuola noi cicaliamo di greci e di romani, imponendo a tutti una istruzione uniforme, che farebbe invidia alla Cina. Il mondo muta dintorno a noi e noi ci ostiniamo nelle vecchie vie.

Abbiamo, in rapporto alla popolazione, più avvocati, più medici e più ingegneri di quasi tutti i paesi d'Europa. Nella istruzione di Stato circa 80 mila giovani seguono i ginnasi e licei: poco meno di 40 mila le scuole e gli istituti tecnici; 25 mila le scuole normali; oltre 26 mila le università e gli istituti superiori. In pochi anni si è triplicato il numero delle alunne delle scuole normali (1882-1897); raddoppiato il numero degli studenti delle scuole classiche (1880-1890); si è accresciuto della metà il numero degli alunni delle scuole tecniche e di un quarto quello degli istituti (1881 a 1896); *si è triplicato il numero degli studenti di università* (1875-76 a 1897-98).

Così vi sono migliaia di medici o di avvocati nella miseria; ogni impiego è considerato come un *gagne-pain* e conteso ferocemente. I giovani, che nelle scuole secondarie dovrebbero, secondo i programmi, imparare lo scibile umano, giungono all'università sfiduciati e sapendo poco. Vi è senza

---

(1) Su quanto è detto a questo proposito e sulla statistica delle professioni e sulla situazione relativa dell'Italia cfr., oltre gli importanti studi di C. F. FERRARIS, anche la *Relazione generale e confronti internazionali al Censimento della popolazione del Regno d'Italia al 31 dicembre* 1881; PARETO: op. cit., § 1034 e seg.; MAYR: *Statistik und Gesellschaftslehre*, pag. 138 e seg.; RAUCHBERG: *Die Bevölkerung Oesterreichs*, pag. 310 e seg.

dubbio un miglioramento grande nelle condizioni della coltura, ma è troppo poca cosa.

Noi pretendiamo che gli aspiranti all'ufficio di notaio o di delegato di pubblica sicurezza abbiano discusso sul *Fedone*; e si siano interessati alle equazioni di primo o di secondo grado; e ci diamo una gioventù sfiduciata, lottante tra idee vecchie e bisogni nuovi.

Noi dovremmo dare ai giovani il senso della realtà, gridare la verità in tutti i modi; noi dovremmo dare il senso della vita, e la scuola si occupa di cose morte, di sogni vani, di primati imaginari, di grandezze ipotetiche.

Spesso, assistendo alle scuole secondarie a un esame, io mi son chiesto se veramente un popolo di uomini ragionevoli possa impartire l'istruzione che è diffusa nel popolo italiano; io mi son chiesto se possa uscire una generazione ardita e forte da giovani cui s'insegnano cose che sono assai lontane dalla vita reale e che s'insegnano da gente che non ha fede in esse.

Invece di dare ai giovani nuovi il concetto esatto di ciò che sia la nostra situazione del mondo, si piega la loro anima all'errore, esaltando nella storia ogni forma di violenza ed introducendo nel giudizio della vita criteri e metodi che sono lontani dalla realtà.

Così vien fuori una giovinezza in cui imperano le tradizioni faziose; che ammira ciò che non è vero; che ammira più la parola che l'azione; più il discutere che il ricercare; più l'avvocato che l'industriale.

Gli avvocati penali sono senza dubbio una classe di persone rispettabile, se non eccellente; ma sbalordisce a dirittura il numero delle persone che ammirano quanto vi è di teatrale nella loro funzione, che forse è in certi limiti necessaria, che certo non è lieta.

Data la povertà dell'Italia, gli uomini più utili sono coloro che accrescono la quantità delle ricchezze materiali. La distribuzione della ricchezza non è ottima; ma ancora il modo di migliorarla è sempre quello di accrescere la produzione.

E noi che abbiamo il più grande numero di reati di sangue, che siamo ancora tra i primi per l'analfabetismo; noi che abitiamo un povero paese; noi che avremmo bisogno di verità e di lavoro, continuiamo ad ammirare ciò che è falso, ciò che è inutile, ciò che perpetua uno stato di cose non solo triste, ma tormentoso.

Quanto si è detto finora e quanto altri prima di noi ha detto ci autorizza a ritenere come sicure le seguenti cose:

1° L'Italia è un paese che ha risorse naturali molto limitate, per piccola estensione di territorio, già largamente sfruttato; per mancanza di ricchezze minerarie; per pochezza di risorse industriali;

2° Viceversa l'Italia è il paese, che, relativamente al territorio, ha più abitanti in Europa. La ricchezza cresce quasi come la popolazione; e aumenterebbe anche in proporzione maggiore se non vi fosse l'emigrazione;

3° In condizioni siffatte urgerebbe intensificare la produzione: e viceversa la statistica delle professioni rivela grande sviluppo nel parassitismo sotto tutte le forme.

Da questi fatti nasce tutto il disquilibrio della vita italiana: se gli ordinamenti politici spesso conservano il male piuttosto che combatterlo, ciò non toglie che il male esista profondissimo, per circostanze materiali e per circostanze storiche di cui la colpa non è nostra.

Senza dubbio la situazione non è facile; ma val meglio che si sappia intera perchè i nostri politicanti non ci ingannino ancora una volta: sopra tutto perchè non inganniamo noi stessi.

Dopo tutto non vi è nulla che più induca all'errore, che la illusione: e la verità, per quanto sia dolorosa, è preferibile ad essa. *Per aspera ad astra*: al successo traverso le difficoltà. Il successo non è se non di coloro che affrontano l'avvenire sapendo ciò che essi vogliano e sopra tutto le vie che essi vogliano seguire per raggiungere la meta.

DISCORSO TERZO

L'azione dello Stato e la pubblica finanza.

DISCORSO TERZO

L'azione dello Stato e la pubblica finanza.

I combattenti e i cospiratori che prepararono le rivoluzioni del 1848 e del 1860 furono, nella più gran parte, ciò che di meglio ebbe il nostro paese: furono per i loro sacrifizi, per le loro sofferenze, per le loro lotte, la nostra poesia più grande. Essi ci han dato ciò che è più utile e più sacro a noi, la unità, che è stata il sospiro dei secoli, la visione dei poeti, cui gli statisti si rifiutavano di credere, tanto questa visione parea lontana da ogni possibile realtà.

Benedetta sia dunque la loro opera e niuna riserva di mente sia in quest'ammirazione, che è sopra tutto per i combattenti e per i perseguitati, cui non fu concesso nè meno la lode dei posteri, poichè i loro nomi non sono giunti a noi o sono già dimenticati.

Ma i nostri uomini politici e i nostri patriotti più insigni credevano l'Italia *naturalmente* assai ricca; e buona parte degli errori commessi in materia di pubblica finanza dipesero da questo errore. Lo stesso Cavour, la cui mente era da vero prodigiosa e la cui opera non sarà mai esaltata abbastanza; lo stesso Cavour, che aveva inteso la profonda trasformazione industriale che si era compiuta in Europa, non sfuggiva a questa illusione.

Non è da meravigliarsi se Garibaldi ritenesse l'Italia uno dei più ricchi e più fertili paesi: il paese dalle cento città, dai palazzi superbi, dalle campagne feconde.

Ma ciò che più reca meraviglia è che a questo errore abbiano partecipato anche i nostri maggiori uomini parlamentari. Essi partivano da due punti di vista, direi da due reciproche, egualmente falsi: credevano che l'Italia fosse il ricco giardino d'Europa; che l'Italia meridionale fosse la più ricca terra d'Italia. E ritenevano che soltanto cattivi istituti politici e dolorose eredità del passato avessero impedito lo sviluppo immane della ricchezza. Nessuno quasi sfuggì a questa illusione: nè Sella, nè Minghetti, nè Bonghi, nè Spaventa, nè Depretis: una illusione che ci ha nociuto più di cento colpe.

Minghetti, ch'era egli stesso un economista, cadeva spesso in affermazioni che ora non sembrano verosimili.

Noi sappiamo che *adesso*, ammettendo a riguardo nostro la più favorevole delle ipotesi, la ricchezza privata francese è tre volte superiore a quella d'Italia. Ora Minghetti, subito dopo il 1860, patrocinando alcune nuove spese, affermava che l'Italia spendesse metà della Francia ed esclamava meravigliato: ora chi può dire che la Francia sia due volte più ricca dell'Italia? Ed enumerava le ricchezze immense ancora latenti in Italia (1).

E Minghetti era un economista ed era uno spirito mite e sereno! È agevole immaginare quante illusioni dovessero concepire gl'ideologi, e quanti assurdi calcoli dovessero basare sull'incremento naturale delle richezze italiane.

L'enorme dispersione di ricchezza, che è avvenuta in conseguenza di questi errori, spiega appena le cause del nostro malessere presente.

_____

(1) Cfr. su tutto questo: NITTI, *Il bilancio dello Stato dal* 1862 *al* 1896-97. Napoli, 1900.

Non vi è alcun paese di Europa, tranne forse la Russia, in cui i contribuenti paghino allo Stato e agli enti locali quanto paga il contribuente italiano.

La misura dell'onere è molto più difficile che non sembri a prima giunta: pure i criteri di misurazione possono essere facilmente intesi.

Bowley calcolava nel 1891 che il reddito annuale (1) dei cittadini inglesi fosse di 1.611 milioni di sterline. Da quel tempo senza dubbio è grandemente cresciuto. Pure, supponendo che sia rimasto identico, si può confrontare questa cifra con ciò che i cittadini danno allo Stato e agli enti locali. Se non prendiamo questi ultimi anni, troppo turbati da guerre e da preparazioni di guerre, ma l'anno finanziario 1896-97, che rappresenta appunto un anno normale, troviamo che le entrate dello Stato hanno raggiunto 103 milioni di sterline e quelle degli enti locali *(local taxation)* hanno raggiunto 91 milioni. Sono dunque 194 milioni che i cittadini inglesi hanno pagato per qualsiasi titolo allo Stato e agli enti locali: cioè *hanno pagato* meno dell'ottava parte di ciò che hanno guadagnato. Supponiamo che in una modesta famiglia inglese entrino 4000 lire all'anno: le imposte e le tasse non hanno assorbito che 500 lire.

In Italia invece, secondo i calcoli più ottimisti, il reddito annuale della nazione ammonta a 8 miliardi all'anno.

Ora nell'anno 1896-97 le entrate effettive ordinarie dello Stato furono di 1.602 milioni; le entrate *ordinarie* dei comuni nel 1897 furono 554 milioni e 117 furon quelle delle province; escluse quindi le grandi entrate straordinarie, costituite in gran parte da debiti. Sono dunque 2.273 milioni che i contribuenti italiani hanno pagato: cioè, anche togliendo quelle entrate che sono soltanto apparenti, i cittadini italiani hanno dato assai più che la quarta parte di ciò che hanno guadagnato.

---

(1) A. C. BOWLEY, nel *Journal of Royal Statistical Society*, vol. VIII, parte II, pag. 248.

Supponendo dunque una famiglia che abbia 4 mila lire di reddito, essa ha dato allo Stato, alla provincia ed al comune oltre 1000 lire!

Una pressione tributaria che superi il 25 per cento della entrata è rara in un paese civile: si può dire che quasi non ne esista esempio.

La cosa è tanto più grave quando si tratti di bilanci operai, in cui l'entrata è di 400, di 500 o di 600 lire all'anno. Per una famiglia che guadagni appena 600 lire (e la grande maggioranza delle famiglie italiane guadagna meno) dare 150 lire per imposte è sacrifizio quasi insoffribile: è tormento che par quasi insostenibile. Si aggiunga che, per effetto delle imposte indirette, i poveri pagano da noi *proporzionalmente* più dei ricchi. Spesso, come è stato dimostrato in modo esauriente, pagano più che la terza parte di ciò che guadagnano. Togliere 200 lire a una famiglia che guadagni con le più grandi incertezze, appena 600 lire, è strazio non comparabile a quello che sarebbe togliere 20 mila a una famiglia che guadagna 60 mila. Ora in Italia se tutti pagano troppo, e poveri e ricchi son gravati duramente, e le aliquote delle imposte dirette raggiungono saggi elevatissimi, sono in realtà i poveri che pagano di più.

Non vi è alcuno che sfugga alla imposta.

Il vecchio poeta latino avea detto *cantabit vacuus coram latrone viator.* Il viandante che non ha nulla può cantare anche dinanzi a ladroni. Dato il carattere delle imposte moderne, chi non ha nulla può cantare; ma solo per dolore, poichè in realtà è più colpito degli altri.

Le imposte indirette che colpiscono tutti i consumi e tutti gli scambi fanno sì che niuno sfugga. L'imposta entra nel prezzo delle merci e vi si compenetra.

Il Belgio è il paese che paga meno imposte in Europa e l'Italia è quello che paga di più. Ora confrontiamo i prezzi correnti ad Anversa (che è il più gran centro di scambi del Belgio) e a Napoli per le merci di più largo consumo.

Napoli è città poverissima: anzi in situazione tormentosa;

poichè nel mondo è fra le poche città che presentano oggidì questa situazione straziante: che i consumi diminuiscono, mentre la popolazione cresce.

Ora prendiamo i prezzi delle principali derrate di consumo popolare ad Anversa e a Napoli nello stesso mese: in luglio 1900. I prezzi di Napoli sono desunti dal *Bollettino statistico mensile* (agosto) pubblicato dal municipio; quelli di Anversa dal fascicolo di agosto della *Revue du Travail*, pubblicato dall'ufficio del lavoro del Belgio. Sono cifre prese da due pubblicazioni ufficiali e degne di ogni fiducia:

	Napoli	Anversa
Pane bianco di 1ª qualità, 1 Kgr.	0,40	da 0,24 a 0,28
Latte di vacca, 1 litro	0,50	da 0,10 a 0,14
Carne di bue, 1 Kgr. . . . da 1,80 a 2		da 1,50 a 2,50
Carne di agnello, 1 Kgr. . . .	1,70	da 1,10 a 2,20
Sale, 1 Kgr.	0,40	da 0,05 a 0,07
Patate, 1 Kgr.	0,07	da 0,05 a 0,07
Zucchero, 1 Kgr.	1,65	da 0,95 a 1,00
Fagiuoli, 1 Kgr.	0,22	da 0,25 a 0,35
Petrolio, 1 litro	0,75	da 0,14 a 0,15

Ora dunque i generi di più grande consumo, in gran parte *per effetto delle imposte*, costano a Napoli, che è un paese assai povero, un terzo o una metà più che ad Anversa. Ma i prezzi più elevati sarebbero sopportabili se non si trattasse di un paese dove i salari sono bassissimi, dove spesso il trovar lavoro è assai difficile e i migliori operai devono, per necessità delle cose, accettare rimunerazioni che altrove parrebbero derisorie.

P. Leroy Beaulieu ha stabilito *grosso modo* una distinzione fra *paesi a imposte lievi* dove i contribuenti pagano allo Stato e agli enti locali assai moderatamente, come il Belgio, ove ciascun cittadino dà il 5 a 6 per cento delle sue entrate; *paesi a imposte moderate,* come l'Inghilterra, dove i cittadini dànno poco di più; *paesi a imposte gravi,* come la Francia, dove i cittadini danno all'incirca 11 o 12 per cento.

Si può aggiungere a questa categoria quella dei *paesi a imposte gravissime*, come l'Italia, dove i cittadini pagano circa il 25 per cento. Gladstone, dopo il suo ultimo viaggio in Italia, aveva ben ragione di affermare che il popolo italiano è tra i più tolleranti che esistano al mondo!

Poi che non si può negare che si paghi troppo, i politicanti che hanno i grandi specifici di quelle grandiose riforme che non eseguono (e Dio ci salvi dalle esecuzioni) affermano ogni giorno che le imposte non sono equamente distribuite. E come potrebbero dove i cittadini devono dare spesso ciò che non hanno?

Non è vero che la massa delle imposte indirette sia in Italia più grave che altrove, relativamente al complesso delle entrate: anzi in nessun paese le imposte dirette, che colpiscono la ricchezza o il reddito, son più aspre che in Italia. La imposta sui fabbricati italiana non ha per la sua asprezza quasi riscontro nel mondo; la imposta di ricchezza mobile è applicata sovente con una durezza di cui non è esempio. Quando si paragonino i saggi della *Einkommensteuer* prussiana e della *Income tax* inglese a quelli della ricchezza mobile italiana si vede subito come non vi sia alcun paragone possibile.

In Italia pagano tutti troppo: e ricchi e poveri. Al punto dove siamo, il più grande bene che possa fare lo Stato è di non impedire la formazione della ricchezza con nuove imposte, siano dirette o indirette, colpiscano la proprietà o il reddito o colpiscano i consumi e gli scambi. Nessuna nuova imposta, come nessun nuovo debito, se non determinato da necessità supreme.

Vi era poco tempo fa a Napoli il console di un grande paese, il quale veniva assai spesso da me per avere notizie in materia di imposte. Rappresentava una nazione che divide con l'Italia il primato dell'asprezza fiscale: e, poichè della lingua italiana avea solo una mediocre conoscenza, volea che io gli spiegassi ogni nuova legge e ogni nuovo regolamento in materia d'imposte.

Mancava di ogni senso d'ironia, e una volta mi disse con l'aria di un complimento: — Voi avete molta fantasia. Nel nostro paese tutte le volte che occorre mettere imposte nuove, scrivono ai consoli che sono in Italia per chiedere: che cosa ha fatto il governo italiano?

E un'altra volta egli mi disse, senza nessuna pretesa di ironia, dopo che io gli avea a lungo tradotto alcune disposizioni che lo interessavano: — Il vostro paese era un giorno il museo di tutte le arti e ora è il museo di tutte le imposte.

Io credetti che egli volesse deridermi; ma mi parlava con tanta amabile serietà che non potetti se non ringraziarlo.

Quanti di questi fatti sono accaduti a ognuno di noi! L'anno scorso io ero a Londra, e nella Camera di commercio a un personaggio che stimolavo a venire in Italia e a indurre i suoi amici a sviluppare gli affari con il nostro paese, vidi vagare un sorriso sul volto. Mi condusse davanti a un grosso scaffale e mi fece vedere una enorme raccolta di leggi, regolamenti, decreti relativi al registro e al bollo in Italia; e poi aggiunse: — Quando noi veniamo nel vostro paese troviamo tutte quelle leggi. Noi abbiamo colonie che sono grandi cento volte l'Italia, ove troviamo più o meno le nostre leggi, e agevolazioni e aiuti.

E il peggio è che noi inganniamo noi stessi, dicendo che si tratti solo di una cattiva distribuzione. No: ogni distribuzione deve essere cattiva quando si costringono tutte le classi della popolazione a dare ciò che non possono dare, a dare spesso ciò che non hanno.

Una vanità folle, che è parsa patriottismo, ha fatto credere a noi stessi che l'Italia potesse spendere come i più grandi paesi, che potesse in ogni cosa paragonarsi ad essi: i nostri parlamentari hanno detto (non dicono ancora?) che siamo ricchi. Molti hanno voluto illudere: l'unità è stata fatta non solo con le battaglie, ma con l'entusiasmo e con i discorsi.

Non si potea fare allo stesso modo la ricchezza? non bastava il *nostro sole*, come affermò un ministro, non la nostra distesa di coste, come dissero dieci altri?

In questa ipotesi della ricchezza, in questa illusione che la luce e il calore bastassero da soli a fare la nostra prosperità; in questa fede che ci dovessimo limitare a svolgere le energie latenti del nostro suolo per assicurarci una posizione invidiata nel mondo, noi abbiamo speso più di quanto potevamo: abbiamo speso anzi ciò che non avevamo.

Nel 1862, quando fu compiuta la nostra unificazione tributaria, le spese effettive nel bilancio italiano salivano a 926 milioni. Mancavano allora il Veneto e Roma; ma nel 1871, compiuta l'unità alla penisola, le spese erano ancora 1.013 milioni; invece sono salite nel 1898-99 a 1.626 milioni. Escluse le partite di giro e le contabilità speciali, le spese nei bilanci dei comuni sono passate dal 1871 al 1897 da 325 a 554 milioni e quelle delle province da 75 a 117. In altri termini, le spese dello Stato e degli enti locali sono passate da 1.413 milioni a 2.297 in meno di trenta anni: e ciò senza tener conto del vertiginoso aumento pei debiti! *Questa progressione quasi non ha esempio*, se si tenga conto del pigro e lento sviluppo della ricchezza.

Senza dubbio i paesi ricchi hanno accresciuto le loro spese anche più rapidamente dell'Italia (1): ma è che la loro ricchezza si svolgeva in progressione assai più rapida.

Nella Gran Brettagna, dove l'accrescimento della ricchezza è stato vertiginoso, le entrate dello Stato sono passate da 68 milioni di sterline nel 1871 a 103 nel 1897, e quelle degli enti locali *(local taxation)* da 37 milioni nel 1871 a 91 milioni nel 1896. In Inghilterra dunque le spese pubbliche non sono aumentate più rapidamente che da noi: e l'Italia si è voluto concedere ciò che si potevano solo i paesi più ricchi e più potenti.

---

(1) Nitti, *Lezioni di scienza delle finanze* 1900-1901, § 25 e seg.

Da ciò nasce uno stato di malessere profondo, un disquilibrio penoso nella nostra vita sociale. Diamo troppo allo Stato e aspettiamo ogni cosa da esso.

Fra detentori di rendita pubblica e impiegati dello Stato e delle pubbliche amministrazioni, si può dire che vi siano almeno due terzi delle nostre classi medie. Il calcolo non è stato mai fatto; ma si può prevedere quasi con sicurezza che non si è assai lontani da queste cifre.

Crediamo che lo Stato ogni cosa possa fare e tutto vogliamo ch'esso faccia. Noi pronunziamo la parola Stato con un timore reverenziale, o con un'antipatia violenta; secondo che noi siamo fuori o dentro la cerchia dei suoi benefizi. Ne diciamo forse tutti male; ma ognuno crede in fondo che lo Stato possa fare delle grandi cose.

Lo Stato non è, come ci hanno insegnato i vecchi liberali, l'antitesi degli individui, ma la sintesi di essi; rappresenta la nostra volontà collettiva e rappresenta il potere sociale. Ma noi lo consideriamo come una provvidenza, quasi che esso non spendesse le ricchezze che noi gli diamo e che fosse possibile che tutti dessero poco e avessero molto.

In ogni cosa noi ci chiediamo: e che fa lo Stato? E crediamo che esso possa ciò che noi non possiamo. Lo Stato, nella pratica, è spesso un impiegato a 2000 lire, un vice segretario di ministero; ma noi attendiamo ogni cosa dal suo potere infallibile. E questa illusione non ha in poca parte contribuito ad aumentare gli aumenti delle spese.

E poichè con grande leggerezza abbiamo spinto in alto le spese, nella certezza dello sviluppo *spontaneo* della ricchezza nazionale; e poichè la imposta ha effetti aspri e immediati sicchè spesso uccide nella popolarità coloro che la propongono; noi ci siamo abbandonati alle molli blandizie del debito.

Il debito e l'imposta sono, in fondo, la stessa cosa: poichè gl'interessi del debito non si possono pagare con nuovi debiti e bisogna pure, prima o dopo, ricorrere alle imposte, se non si vuol far la fine della Turchia e del Portogallo.

Ma mentre la imposta ha effetti dolorosi immediati, il debito ha parvenze ingannatrici. In un primo momento pare anzi che porti sóllievo: se si tratti di costruire una ferrovia lo Stato può dare lavoro a mille operai; se si tratti di costruire una nave da guerra, può allungare o a dirittura rendere prospera per qualche anno la vita di un cantiere. Per i politicanti che non amano le responsabilità, che vogliono vivere del giorno per giorno, il debito è preferibile sempre alle imposte. Ora l'Italia è stata — chi può dire che non sia? — esposta a tutte le insidie di capitani di ventura; di politicanti senza cultura e senza coscienza.

Alla formazione del gran libro del debito pubbico nel 1862 furono inscritti 111 milioni e mezzo di rendite: rappresentavano i debiti dei vecchi Stati, sopra tutto del Piemonte.

Noi abbiamo pagato nell'esercizio 1898-99 non meno di 688 milioni per debiti perpetui e redimibili e per debiti variabili e annualità fisse.

Dal 1862 a ora lo Stato italiano ha fatto circa un milione di debiti al giorno.

Quando il risparmio della nazione non sorpassava mezzo miliardo all'anno si sono fatti 600 o 700 milioni di debiti in un anno solo. Donde condizioni disastrose per lo Stato e l'entrata decisiva dell'Italia nel novero delle nazioni debitrici.

E sempre a base di tutto era la illusione che la ricchezza dovesse crescere rapidamente. Si aumentavano le spese di guerra, nella illusione di una grandezza immaginaria, anzi di una ipertrofia di vanità; si creavano le ferrovie, dove non erano nè uomini, nè merci da trasportare, con la idea che i traffici sarebbero nati; come negli anni delle follie finanziarie le banche di emissione prestavano capitali non a coloro che avevano già affari industriali, ma a coloro che dovean far sorgere le industrie.

E andando di errore in errore e di illusione in illusione noi siamo giunti al punto che l'Italia, proporzionalmente all'ammontare della sua ricchezza privata, è il paese che ha più debiti in Europa!

Spingendo a fare dei debiti nuovi, Minghetti diceva alla

Camera subalpina il 27 giugno 1860 che si poteva spendere
senza esitazione. Non avevamo forse il « più bello e fertile
paese di Europa »? E non vi erano come riserva immane di
ricchezza « i nostri beni demaniali... le strade ferrate gover-
native... il ricchissimo *(sic!) Tavoliere* di Puglia... fors'anche
i beni ecclesiastici che sono nello Stato Romano? »

Ah! Bene! nota a questo punto il resoconto parlamentare.
La Destra era più un partito politico che economico: la Sinistra riunì tutti gli appetiti, tutte le aspirazioni insoddis-
fatte, come tutti coloro che il nuovo regime aveva sconten-
tato. Ora gli oratori di Sinistra non trovavano mai che si
spendesse a bastanza. Nei loro discorsi era spesso una ridda
di miliardi: fortificazioni di gran lunga superiori a quelle
degli altri paesi erano necessarie, occorrevano eserciti potenti,
grandi lavori, ecc. Spesso quei discorsi celavano una aspirazione di grandezza, spesso una insidia nel desiderio di gua-
dagno: sempre coprivano una illusione.

E così per tanti anni si è speso ciò che si aveva, si è
speso anche ciò che non si avea. Si facevano debiti a qualsiasi condizione: erano spesso le necessità della difesa; ma
più spesso ancora era la illusione che la ricchezza dovesse
svolgersi da sè.

Nella sua famosa esposizione finanziaria del 12 marzo 1871
Sella confessava che dal 1861 al 1870 lo Stato italiano avea
accresciuto il suo debito da 2.300 milioni a 8.200, non con-
tando l'alienazione di un ingente demanio e di beni ecclesiastici.

« Ebbene — diceva Sella — per accattare 2.691 milioni
effettivi, ci siamo impegnati per un debito nominale di 3.852 milioni, ed in questo stesso decennio in cui abbiamo fatto queste
operazioni, abbiamo pagato 1.369 milioni per interessi e per
premi e per rimborsi (però solo 150 milioni) sopra queste
stesse operazioni che ci fruttarono 2.691. Questa è la storia
dell'improvvido figlio di famiglia; a tal passo non si regge.
Considerate che tra perdite sul capitale nominale e ciò che
abbiamo pagato in questo decennio per tali operazioni ve-

niamo a scapitare di 2.530 milioni. E non abbiamo avuto
che 2.691 milioni! »

Pare di leggere una relazione sul debito turco piuttosto
che un documento parlamentare di un paese civile.

Noi paghiamo in fondo gli errori e le colpe commessi
dopo il 1860, e sono colpe ed errori che la illusione spiega
più che le esigenze della politica internazionale.

Ma il male è che le illusioni rinascono. Rinascono anzi
nella forma peggiore!

Si crede che lo Stato possa *dar* lavoro: si vogliono costruzioni navali per *dar lavoro* agli operai di Liguria; si
vogliono ferrovie nuove per *dar lavoro*. In questo caso si dà
lavoro a chi si muove di più, a chi ha più mezzi di corrompere e di intrigare; ma si tolgono con le imposte aspris-
sime le ultime risorse ai più poveri, ai lavoratori veri, a
coloro che non gridano e non corrompono.

Niente è più assurdo che la massa dei sofismi diffusi nel
pubblico in questa materia, dove più necessaria sarebbe la
realtà. Purchè una spesa sia fatta all'interno si crede che
non vi sia consumo, nè dispersione.

E come nell'apologo dei due beoni; i quali, poichè il vino
molto piacea loro, pensarono di comperarne a buone condizioni un grosso barile e di andarlo a vendere in un paese
vicino ov'era un campo di soldati. Esauriti nell'acquisto tutti
i loro capitali, non rimanevano che due soldi a uno di essi.
Per via facea gran freddo e quello che avea due soldi chiese
all'amico se potesse vendergli del vino. La proposta era
ragionevole e l'altro versò il vino e intascò la moneta. Ma
avuta la moneta chiese a sua volta di comperarne vino. E così
l'uno comperando e l'altro bevendo, il barile fu esaurito. La
finanza italiana molte volte è attentata sotto pretesti che
somigliano molto all'apologo del beone.

Facendo grosse spese militari all'interno, si crede che il
danaro circoli: senza dubbio circola, ma spesso non diversamente che tra i due beoni. È come rubare a un commer-

ciante e credere di fargli bene andando a spendere da lui, nell'acquisto di merci, le somme prima rubate.

Noi siamo, senza volere, gli spartani moderni, anzi siamo più spartani degli antichi: poichè quelli sostituivano come moneta il ferro all'oro, e i nostri figliuoli non conoscono che la carta. Ora vi è della gente la quale crede che questa carta, la quale rappresenta nel corso forzato, tanti buoni sulla ricchezza prodotta dei cittadini, sia emessa impunemente; e non vede che i cittadini sono spogliati precisamente nella misura in cui questa carta è deprezzata.

Nella mia opera su *Il bilancio dello Stato dal 1862 al 1896-97*, io ho dimostrato che in questo periodo di tempo lo Stato ha avuto spese effettive per 57.877 milioni. Ora 44 per cento di questa somma è stata spesa per interessi di debiti e per pensioni vitalizie; 10,40 per cento per l'esazione e l'amministrazione delle imposte e 23,77 per spese di guerra e marina. In realtà si può dire che le spese militari e quelle per debito assorbano gran parte delle nostre risorse. Ciò renderebbe necessaria una politica accorta, modesta, in vista di uno sviluppo più grande; ma noi, confrontando il nostro paese alla Francia, alla Gran Brettagna, alla Germania, andiamo ogni giorno incontro a nuovi errori e a nuove illusioni.

La politica dei lavori, anzi la *politica del lavoro*, come si dice pomposamente, torna ad aver fortuna periodicamente. I ragionamenti in uso sono noti. Le popolazioni mancano di lavoro: ebbene se ne dia; se le imposte sono troppo gravi, si paghino i lavori col debito. Non si può nulla immaginare di più malefico di questa politica del lavoro, che è in realtà la politica del debito.

Basta avere — io scrivevo all'indomani dei moti di maggio del 1898 — basta avere le più elementari nozioni di economia per comprendere come ciò che si vuole attualmente non va destinato ad altro che ad aggravare il male (1).

(1) *Riforma Sociale*, giugno 1898.

La depressione dell'Italia dipende in gran parte dalla mancanza di capitale vivo ed attivo; e le altissime imposte dello Stato e dei comuni non fanno che limitare la capacità di consumo dei cittadini e quindi deprimere la produzione.

Per fare un lavoro che costi 100 bisogna togliere 100 al reddito dei cittadini; quindi la sottrazione diminuisce la possibilità di consumo e agisce sinistramente sui salari.

Quando il Governo fabbrica stazioni ferroviarie, edifizi, porti che l'industria privata non costruirebbe, non fa che prendere il capitale vivo e destinarlo a impiego non produttivo; non fa che prendere ad alcune classi di operai che, non avendo organizzazione, non possono resistere, e dare ad altri più tumultuosi e più associati, e più in grado quindi di esercitar pressione.

È stato l'aver abusato dei lavori, della politica del lavoro, come si compiacciono di dire i politicanti, che ci ha menati allo stato presente.

Se i privati impiegano il loro capitale direttamente, essi aumentano la produzione e quindi la ricerca di lavoro; l'impiego che ne fa lo Stato ha spesso un carattere a dirittura opposto.

È inutile dire come siano false le speciose ragioni secondo cui il reddito che lo Stato sottrae ai cittadini mediante nuove imposte, quando è destinato a lavori, prepara la prosperità avvenire. Un gran numero di ferrovie costruite in base a questo principio rappresenta pur troppo ancora adesso un onere altissimo.

D'altronde, quando la produzione non si svolge appunto per mancanza di capitale, ed i salari sono da questo fatto depressi e la ricerca di mano d'opera diminuisce, è ridicolo parlare di quello che sarebbe ipoteticamente il benefizio avvenire.

In quanto a dar lavoro con debiti, non si può pensare nulla di più sconsigliato. Prima di tutto il debito e l'imposta, per chiunque abbia almeno qualche nozione di studi economici, sono pei loro effetti presso a poco la stessa cosa;

con la differenza che il debito spinge assai più agli abusi e all'imprevidenza.

Nel caso attuale riaprire largamente il debito vale per l'Italia peggio che perdere delle battaglie; significa precipitare i corsi della rendita, deprimere la produzione nazionale, sacrificare le energie vive del paese alla balorda speranza che, fatte tacere per un momento, non devono svegliarsi più vive che mai le questioni dell'oggi.

Noi abbiamo già troppe ferrovie per i nostri scambi; in alcune province anche troppe strade, data la esiguità del commercio locale. Così si vedono strade che hanno rovinato piccoli comuni essere abbandonate dai carri e ricoprirsi di erbe.

La sola cosa che possa giustificare in Italia emissioni rilevanti di rendita pubblica è la utilizzazione dei corsi di acqua come forza motrice. Si tratta in questo caso di rendere possibile la sostituzione della elettricità al carbone, cioè si tratta di preparare il risveglio di tutta l'economia nazionale. Il giorno in cui impiegassimo 100 milioni per dare all'industria nazionale al prezzo di costo 100 mila cavalli vapore, forniti dalle cadute d'acqua, noi pagheremmo in sei o sètte anni tutta la spesa con la economia del carbone.

Eccetto, dunque, casi assolutamente eccezionali, bisogna ricorrere il meno che si possa ad emissioni nuove; bisognerebbe anzi non ricorrervi affatto, se non per preparare opere di redenzione economica, come quella cui abbiamo accennato.

La politica del lavoro invocata dai parlamentari, si risolve, in realtà, nella più gran parte dei casi, in politica elettorale.

Occorre ancora evitare che questo risveglio dell'economia nazionale sia soffocato da nuovi errori, e sopra tutto da nuove illusioni, poichè l'illusione è sempre madre dell'errore.

Ci siamo illusi sull'aumento della ricchezza, che dovea prodursi quasi automaticamente; ci illudiamo ora sulla possibilità di grandi economie.

7 — F. S. Nitti.

Il nostro bilancio è invece immobile.

È un bilancio di 1600 milioni in cifra tonda; ma 800 circa sono obblighi del Tesoro per debiti, pensioni, ecc., e circa 100 per altri oneri del Tesoro nascosti in altri bilanci, sopra tutto in quello delle finanze.

Il bilancio vero, a causa della nostra passata imprevidenza, *si riduce a 700 milioni.* Presso a poco la metà di essi serve per le spese militari di guerra e di marina; ed è l'altra metà che deve bastare a tutto: a mantenere l'amministrazione centrale e provinciale, la sicurezza pubblica, la magistratura, tutti i servizi che dipendono dal Ministero dell'interno, i lavori pubblici, le poste e i telegrafi, la diplomazia, i servizi riguardanti l'agricoltura, l'industria e il commercio, la istruzione pubblica.

Per la imprevidenza passata, noi abbiamo portato dal 1862 ed ora gli obblighi del Tesoro da 200 a 800 milioni. Così ora le economie profonde sono impossibili.

Parliamo tanto contro la burocrazia, che certo non è ammirevole sempre, ma che pure è migliore di quella che la precedette ed è *meno numerosa di quella dei passati governi.* Ma quali economie si possono fare? Se anche qualche diecina di milioni sarà possibile economizzare con grandi stenti, le esigenze dei servizi più trascurati assorbiranno tutto. Ond'è che le illusioni di grandi riforme per più grandi economie dipendono da poca conoscenza o da ignoranza.

La burocrazia non solo non è molto cresciuta di numero, ma i suoi stipendi sono rimasti generalmente inferiori a quelli di quasi tutti gli altri paesi. Confrontando l'accrescimento dei salari e quello dei profitti, si vede che entrambi sono stati quasi dovunque assai più rapidi di quelli degli stipendi dei funzionari (1). E quando si pensi che i servizi pubblici sono

(1) Cfr. Nitti, *Il bilancio*, libro XI; *La burocrazia di Stato.* — Turquan, *Essai de recensement des employés et fonctionnaires de l'État*, ecc., *Réforme Sociale*, 1° ottobre, 1° novembre e 16 dicembre 1898, e 1° febbraio 1899.

spesso in Italia difettosi e manchevoli, si vedrà come sia stravagante l'idea di grandi economie, che ristorino la pubblica finanza.

Ciò che noi dobbiamo evitare è appunto il perseverare in queste illusioni, che impediscono ogni sviluppo fecondo e trasformano il contribuente in un *souffre douleur* sempre perseguitato.

Spesso nei programmi politici si parla di fare riforme tributarie per alleviare i contribuenti, e più grandi spese militari o per lavori pubblici; è come risolvere il problema di avere un'entrata minore e di spendere di più.

Molto abbiamo errato in passato; e poco male sarebbe se ci fossimo ravveduti. L'esperienza si acquista solo traverso il dolore, e altri ha errato prima di noi. Ma il male è che l'errore perdura e che l'illusione ci tenta tuttavia con le sue dita di rose.

Come abbiam visto, tutte le spese per i servizi civili dello Stato, tutte le spese per scopi di civiltà e di benessere, compreso il mantenimento della burocrazia, formano poco oltre la metà del bilancio vero *disponibile* (che è di circa 700 milioni).

Le spese per il Ministero della istruzione pubblica non sono che 45 milioni: in cui sono comprese le pensioni, l'amministrazione e tutta l'istruzione secondaria e superiore e le antichità e le belle arti. Ma poco meno che 82 milioni spendono le provincie ed i comuni.

Senza dubbio spendiamo già a bastanza; e si potrebbe spendere, se non meno, meglio.

Ma è triste sintomo vedere come il pubblico guardi con diffidenza le spese per l'istruzione; quando tutto il mondo si trasforma d'intorno a noi, e non vi è che la diffusione della cultura la quale possa rialzarci nel mondo.

L'Italia è ancora uno dei paesi civili d'Europa in cui l'analfabetismo è più grande. Ora il mondo non tollera che questo fatto perduri, e la forza delle cose è più grande dei nostri errori.

Masse enormi d'italiani escono ogni anno dall'Italia, spinti dalla fame o dal bisogno di vita migliore. Ora non è molto negli Stati Uniti d'America il Senato votò la legge Lodge, che vietava l'immigrazione degli analfabeti, e che era diretta sopratutto contro gl'italiani. La legge non è andata in vigore per il veto presidenziale; ma è grande insegnamento per noi.

Il più tristo segno è di vedere perdurare nelle classi medie una indifferenza, anzi una diffidenza per la cultura. Date le forme della istruzione moderna, ogni sviluppo economico è legato strettamente allo sviluppo della cultura. La stessa produzione dei beni materiali non si compie più generalmente nella forma tradizionale del passato. È necessario per il commercio oramai assai più cultura che per essere un avvocato insigne. Spesso noi siamo sorpresi parlando con uomini che hanno avuto una parte notevole nella politica del nostro paese nel vedere come manchi ad essi ogni nozione della posizione *relativa* dell'Italia nel mondo e delle risorse che può sfruttare. E viceversa incontriamo anche nel nostro paese agenti di commercio che ci sorprendono per la loro percezione della vita reale, per la conoscenza larga dei problemi industriali, per la complessità della loro istruzione. Non esito a dire che ho conosciuto molti industriali e agenti di commercio assai più colti dei nostri guardasigilli e dei nostri ministri di agricoltura. Forse mancavano di qualità oratorie; ma si può dire che ciò sia un grande male?

Questo parlare di tutte le cose, questo credersi adatti a giudicar tutte le cose, è ancora uno dei nostri peggiori malanni.

L'Italia deve più alla diffusione della cultura che ad ogni altra cosa il suo risveglio; e per la stessa economia nazionale si può dire che abbian fatto assai più Galileo Ferraris e Pacinotti di tutte le schiere dei nostri oratori.

L'Italia conquisterà una grande posizione nel mondo il giorno in cui sarà penetrata di questo soffio di realtà, per cui piuttosto che da vane impossibili riforme, attenderà la sua redenzione economica dalla istruzione e dal lavoro.

Le spese per l'istruzione elementare sono in Francia e in Prussia tre volte che in Italia, e sono quasi sei volte che in Italia nella Gran Bettagna. Non oso dire che noi dobbiamo aumentare di un tratto le nostre spese per l'istruzione, nè che si spenda sempre bene, nè che la scuola sia da noi sempre educatrice; ma non vi è nulla di più tristo che il vedere l'avversione di cui sono sovente circondate le spese che più dovrebbero essere preferite.

Così la politica doganale, come la politica finanziaria sono mutate assai spesso; più ancora, forse, della politica estera.

Nell'opera dello Stato è mancata una mèta chiara; forse per deficienza di educazione politica del paese, forse perchè siamo un po' facili a tutti gli impulsi. Ma si può dire con certezza che la politica doganale e la politica finanziaria della nuova Italia sono state assai spesso vantaggiose al Nord della penisola e dannose al Sud. Onde si è venuto a creare una differente situazione fra gli abitanti dello stesso paese.

Senza dubbio il Nord d'Italia ha risentito l'asprezza delle imposte; ma si è pure avvantaggiato delle grandi spese; ha risentito gli effetti non sempre utili della legislazione doganale, ma ha potuto, dopo il 1887, sviluppare le sue industrie, quando il Mezzogiorno vedeva diminuire i suoi consumi e arrestarsi il suo sviluppo.

Questa differente situazione del Nord e del Sud sarà il tema del prossimo discorso. Da quattro anni non faccio che ricercare le cause di questo disquilibrio, e nessuna fatica ho risparmiata e nessuna pena. Cercherò parlarne la prossima volta con la maggiore ampiezza possibile, penetrando l'essenza intima del dissidio, *il cuore del frutto*, come direbbe Shakspeare; e in questo problema che interessa la nostra vita e la nostra anima, cercherò per quanto mi è dato, se non la soluzione, almeno una parola fatta di sincerità e di giustizia.

Dai calcoli da me fatti nell'opera *Il bilancio dello Stato*, risulta che dal 1862 al 1896-97 le entrate complessive dello Stato furono 50.215 milioni e le spese furono 50.877. Indicando con 100 il totale delle entrate, la proporzione di ciascuna fu

Entrate dal 1862 al 1896-97

		Proporzione a 100 del totale
1. Redditi patrimoniali	1.882.353.462.57	3.72
2. Imposta fondiaria sui fabbricati e sui terreni	6.126.677.687.88	12.12
3. Imposta di ricchezza mobile per ruoli e per ritenute	5.917.127.250.55	11.71
4. Tasse sugli affari	5.545.453.124.49	10.98
5. Dogane e diritti marittimi	5.284.395.110.29	10.46
6. Dazi interni di consumo	2.191.605.364.83	4.34
7. Tasse di fabbricazione	1.408.671.068.09	2.79
8. Sale	2.446.709.368.83	4.85
9. Tabacco	4.391.479.677.67	8.69
10. Lotto	2.386.104.389.61	4.72
11. Servizi pubblici : poste, telegrafi, cancellerie, carceri, pesi e misure, ecc.	1.749.804.788.81	3.47
12. Concorsi e rimborsi e contributi. Entrate diverse. Entrate per reintegrazione di fondi nel bilancio passivo, ecc.	1.954.082.910.43	3.87
Totale delle entrate effettive ordinarie e straordinarie .	41.284.462.154.05	
13. Movimento di capitali	7.045.650.505.84	13.94
14. Movimento di costruzioni di strade ferrate	2.195.075.647.16	4.34
Totale generale	50.525.190.307.05	100.—

Le *spese* dello Stato, comprese quelle per movimento di capitali e per costruzioni di strade ferrate, sono state di 50.877 milioni (di cui 45 milioni di spese effettive), e possono raggrupparsi nel modo seguente:

Spese dal 1862 al 1896-97

		Proporzione a 100 del totale
1. Debiti perpetui	12.632.645.867,19	24.83
2. Debiti redimibili.	2.500.272.537,92	4.91
3. Debiti variabili	2.442.259.628 28	4.80
4. Debito vitalizio	1.777.871.758,72	3.49
5. Dotazione di Casa Reale	537.488 054.68	1.06
6. Spese per le Camere legislative . .	64.810.796 24	0 13
7. Spese per la riscossione delle imposte.	4.924.261.682.19	9.68
8. Spese per l'amministrazione civile .	1.240.635.241.54	2.44
9. Spese di cambio aggi, ecc.	103.673.302.66	0.20
10. Spese per la magistratura (personale e spese di ufficio)	833.250.719.78	1.64
11. Spese di giustizia	182.828.478.83	0.36
12. Spese per la diplomazia e la rappresentanza all'estero	210.305.711.18	0.41
13. Spese per i servizi pubblici e per l'asse ecclesiastico	6.147.911.033.13	12.08
14. Ministero della guerra	8.354.211.339.83	16.42
15. Ministero della marina	2.384.113.352.10	4.69
16. Spese diverse, reintegrazione di fondi, oneri transitori dello Stato, ecc. .	828.881.428.89	1.63
Totale delle spese effettive .	45.164.920.933.06	
17. Spese per movimento di capitali . .	3.056.985.786,95	6.01
18. Spese per costruzioni ferroviarie . .	2.655.797.902.55	5.22
Totale	50.877.704.622,56	100.—

Per le entrate va osservato che l'accusa fatta alle classi di Governo italiane di colpire aspramente i consumi popolari e di esentare o di colpire scarsamente la proprietà e il reddito è interamente fuori della verità. *In nessun paese d'Europa* le imposte dirette, che colpiscono la proprietà e il reddito, rappresentano nel bilancio la proporzione che hanno in Italia: *le imposte progressive di tutti gli altri paesi hanno saggi assai più bassi di quelli proporzionali delle imposte dirette italiane.* L'imposta sui fabbricati, fra le altre, colpisce il reddito edilizio in maniera addirittura asprissima e senza confronto. Le vere imposte dirette non dànno alla Gran Brettagna che assai meno della quinta parte del bilancio, mentre in Italia le imposte dirette sono la spina dorsale del bilancio. In Italia pagano tutti molto: e ricchi e poveri, solamente, poi che la libertà è ancora assai diffusa, l'alta cifra delle imposte indirette impressiona e colpisce; mentre, infatti, la proprietà e il reddito sono colpiti più che in tutti gli altri paesi.

Per le spese va notato che la più gran parte di esse sono assorbite dalle così dette *spese per la costituzione*, cioè spese per il debito pubblico, per le pensioni, ecc., che assorbono la maggior cifra di entrate.

DISCORSO QUARTO

---

l grande dissidio della vita italiana
L'Italia del Nord e l'Italia del Sud

DISCORSO QUARTO

Il grande dissidio della vita italiana.
L'Italia del Nord e l'Italia del Sud.

Le mie parole, per quanto siano dettate da un vivo desiderio di verità, possono dispiacere al maggior numero. Riconoscere con lealtà che l'Italia meridionale ha ora in Italia una situazione *relativa* minore che nel 1860 e che il regime finanziario e il regime doganale hanno molto giovato al Nord e molto nociuto al Sud, è cosa che non può piacere ai *settentrionali;* ma dire che di quanto è accaduto la colpa più grande spetta al Mezzogiorno, che sono le sue abitudini e le sue tradizioni, le quali nocciono più d'ogni cosa, può piacere anche meno ai *meridionali.* La ricerca della verità non ha blandizie, e chi in questioni di natura così difficile porta animo sereno rischia di offender tutti.

Ma poi che quanto dirò è frutto di coscienziose ricerche, di quattro anni di lavori assidui e di pazienti indagini, spero che mi varrà almeno il lungo studio. E se le mie parole saranno qualche volta aspre, io vorrei che fossero come l'aratro, il quale strazia e feconda la terra. Potrà uno sforzo di sincerità andare interamente disperso?

Due cose sono oramai fuori di dubbio: la prima è che il regime unitario, il quale ha prodotto grandi benefizi, non li ha prodotti egualmente nel Nord e nel Sud d'Italia; la seconda è che lo sviluppo dell'Italia settentrionale non è dovuto solo alle sue forze, ma anche ai sacrifizi in grandissima misura sopportati dal Mezzogiorno.

Quando per la prima volta sollevai la questione del Nord e del Sud e cercai farla passare dal campo delle affermazioni vaghe, in quello della ricerca obbiettiva, non trovai che diffidenze. Molti degli stessi meridionali ritenevan pericolosa la discussione e non la desideravano.

La vita politica del Mezzogiorno è assai misera; abbondano in essa avvocati dal ricco eloquio e dalle povere idee, cui nulla più giova dello stato presente di anarchia morale e di disordine. I deputati del Mezzogiorno — fatte alcune stimabilissime e veramente nobili eccezioni — sono i bassi fondi di tutte le maggioranze; disposti nella più gran parte per una piccola concessione *attuale* a rinunziare a ogni avvenire. È fra essi che si reclutano i difensori di qualunque violazione allo Statuto; è fra essi che pare abilità e intelligenza il passare per tutti i partiti, e vi è chi, tra i più fortunati, ha avuto tutte le gradazioni dell'arcobaleno, e pure non è ragione di disprezzo, ma piuttosto di successo e di invidia.

Poi che si crede che giovi alla carriera, mostrano attaccamento cieco alle istituzioni, uomini che non farebbero nulla per salvarle; e spesso il pretesto delle istituzioni serve a ingrandire opere fatue, o a creare pericoli imaginari, o a scopo di basse vendette.

Così a me, che ho cercato di portare in questa questione che mi pareva la più grave della politica italiana, tutta l'anima, è stato fatto anche rimprovero di esaltare il passato e di offendere i sentimenti patriottici.

On ne parle jamais de soi sans perte, ha detto il vec-

chio grande maestro della prosa francese. Pure qualche volta
occorre parlarne per distruggere le prevenzioni. *Il mio tem-
peramento spiega la mia filosofia*, scriveva in una celebre
lettera Fichte a Reinhold: la nostra vita spiega le nostre
idee. Come io potrei tentare un'apologia del passato? E che
cosa potrei lodare di un passato che non ha se non tristezze?
La mia famiglia è stata tra le più perseguitate, anzi tra le
più tormentate dal passato regime, e quando io di esso ho
voluto parlare con serenità, com'era dovere, coloro che lo
avevan servito o sfruttato, o almeno non avevan combattuto
contro di esso, han detto che io volessi fare l'apologia dei
Borboni. Poichè appartengo a una razza di perseguitati e
non di persecutori, ho appunto perciò maggiore il dovere
della equità; e trovo che a quaranta anni di distanza co-
minciamo ad avere, non, solo l'obbligo, ma anche il bisogno
di giudicare senza preconcetti.

Quando il Re Umberto giunse a Napoli per inaugurare,
nella primavera del 1900, quella Esposizione d'igiene, che
fu una grande sofisticazione e una grande vergogna imposta
alla città di Napoli da avventurieri piovuti da ogni parte,
alcune amministrazioni, di cui fu provata la disonestà e che
poi caddero in seguito a clamoroso processo penale, vollero
tentare ancora una volta la speculazione, così dannosa al
Mezzogiorno, di far credere ch'esso sia una grande Vandea,
una specie di baluardo delle istituzioni.

La verità è che la educazione politica del Mezzogiorno
non si è peranco formata; che, considerato nella forma più
generale, esso non è nè conservatore, nè liberale, nè radi-
cale. Non è alcuna cosa: è un paese povero, che si è visto
tormentare ancor più dal nuovo regime; dove la coscienza
collettiva non ha saputo reagire, e che è ancora in preda
ai peggiori avventurieri della politica.

Una delle letture più interessanti è quella dell'*Almanacco
Reale* dei Borboni e degli organici delle grandi amministrazioni borboniche. Figurano quasi tutti i nomi di coloro che
ora esaltano più le istituzioni nostre; o figurano tra i be-

neficati, i loro padri, i loro fratelli, le loro famiglie. E sono
in generale costoro che più parlano di danni del passato
regime; e ne parlano coloro che lo avrebbero dovuto servire
da ufficiali dell'esercito, da funzionari largamente retribuiti.
Capita perfino di trovare tra i nomi dei *revisori* del Borbone
coloro che adesso più si offendono di vedere del passato
regime dare giudizio onesto.

È sistema troppo comodo di spiegare la storia quello di
attribuire ogni causa di malessere o di inferiorità a un uomo
o ad una monarchia.

Le savant doit avoir l'esprit douteur ha detto Claudio
Bernard: noi dobbiamo accogliere con animo esitante i giu-
dizi che abbiamo ereditati, premurosi solo della verità, che
è preferibile sempre ad ogni cosa.

Ora, ciò che noi abbiamo appreso dei Borboni non è sempre
vero: e induce a grave errore attribuire ad essi colpe che
non ebbero, ed è fiacchezza d'animo per noi tutti non riconoscere i lati manchevoli del nostro spirito e della nostra
educazione, e voler attribuire ogni cosa a cause storiche.

Questi concetti ebbi già a formulare in *Nord e Sud*.
Scrivevo allora a proposito delle famose accuse mosse alla
vigilia della caduta dei Borboni da Antonio Scialoja:

« Se gl'italiani, diceva Antonio Scialoja, avessero dovuto
scegliere fra le imposte e i debiti del Piemonte e la floridezza
del reame di Napoli, avrebbero optato per il Piemonte. Bisognava dire: se la parte più eletta dell'Italia. È un grave
torto credere che il movimento unitario sia partito dalla coscienza popolare: è stata la conseguenza dei bisogni nuovi
delle classi medie più colte; ed è stato più che altro la conseguenza di una grande tradizione artistica e letteraria.

Ma le masse popolari delle Due Sicilie, da Ferdinando IV
in qua, tutte le volte che han dovuto scegliere tra la monarchia napoletana e la straniera, tra il re ed i liberali, sono
stati sempre per il re: il '99, il '20, il '48, il 60, le classi
popolari, anche mal guidate o fatte servire a scopi nefandi,
sono state per la monarchia e per il re.

Questo concetto popolare (che ho studiato largamente altrove) non è, come si dice, effetto dell'ignoranza o del caso.

I Borboni temevano le classi medie e le avversavano; ma tenevano anche ad assicurare la maggiore prosperità possibile al popolo. Nella loro concezione gretta e quasi patriarcale non si preoccupavano se non di contentare il popolo, senza guardare all'avvenire, senza aver vedute prospettive. Bisogna leggere le istruzioni agli intendenti delle province, ai commissari demaniali, agli agenti del fisco per sentire che la monarchia cercava basarsi sull'amore delle classi popolari.

Il Re stesso scriveva agl'intendenti di ascoltare chiunque del popolo: li ammoniva di non fidarsi delle persone più potenti; li incitava a soddisfare con ogni amore i bisogni delle popolazioni. Leggendo quei rapporti, quelle lettere, quelle circolari si è spesso vinti da quel caldo senso di simpatia popolare che traspira da ogni frase. Ma anche da ogni frase esce l'idea che il popolo possa essere contento solo se ignorante, se vivente nell'amore dell'altare e del trono.

Fra il 1848 e il 1860 si cercò di economizzare su tutto, pure di non mettere nuove imposte: si evitavano principalmente le imposte sui consumi popolari. Niente scuole, ma niente balzelli; poche opere pubbliche, ma pochi oneri. Il Re dava il buon esempio, riducendo la sua lista civile spontaneamente di oltre il 10 per cento; fatto questo non comune nella storia dei principi europei, in regime assoluto o in regime costituzionale.

Era spesso un « paternalismo » corrompente volgare: si cercava contentare un po' tutti. Piccoli impieghi e la maggior parte di poco conto e senza diritto a pensione; ma folla enorme di impiegati. Chi sapeva leggere, se non diventava un liberale, diventava senza dubbio un impiegato. I figli degli impiegati erano spesso impiegati a dieci anni, come al Banco di Napoli; qualche volta prima dei dieci anni. Si amava la vita quieta, il vivere di tradizione e di ammirazione del passato. E quando il passato non era glorioso vi erano sempre i poeti compiacenti: e gli storici erano anche più compiacenti dei poeti. Il Mezzogiorno, che non ha avuto nè una grande arte, nè una grande letteratura, veniva in quelle pubblicazioni enfatiche mostrato come il centro della storia di Europa. Da Archimede, che fu un greco di Siracusa, a Pitagora che fu un greco della Magna Grecia, tutto era pretesto a parlare di glorie passate: e quando i paesi non avevano glorie di alcun genere, si gloriavano che nel loro territorio fossero avvenute delle piccole o grandi battaglie, o che le loro terre fossero state dominate da un feudatario piuttosto che da un altro. Anche ora le vecchie idee di quei tempi non sono affatto scomparse, e si continua a parlare della grandezza passata piuttosto che del dovere presente.

La borghesia non amava la lotta e la monarchia l'amava anche meno.

Era la vecchia Europa con tutte le sue avversioni per ogni cosa nuova, con tutte le sue debolezze.

Si evitavano le concessioni industriali; si evitava che si formassero banche o società per azioni; si temeva che la speculazione penetrasse e con essa il desiderio di cose nuove. Si amava un quietismo monacale: un popolo contento per vita tranquilla, una borghesia da tenere a bada con gl'impieghi e con la curia; una nobiltà ossequente e legata alla tradizione. Si amava molto di divertirsi, di svagarsi; si temevano le grandi energie individuali: la vecchia Europa, con tutti i suoi pregiudizi. Masse di monasteri, la carriera del sacerdozio facile; il brigantaggio come minaccia perenne; una grandissima città per capitale con un gran numero di province quasi impenetrabili.

Ma si voleva un'amministrazione prudente, accorta.

La finanza era rigida, la banca onesta.

Il Banco di Napoli dal 1818 al 1861, sopra una media annuale di 69 milioni di anticipazioni e di sconti, non perdette che 65.000 lire all'anno, meno della Banca d'Inghilterra, meno della Banca di Francia, meno forse di qualsiasi grande banca al mondo.

Con un'assai più grande ricchezza il Regno delle Due
Sicilie rimaneva in una fase statica; il Piemonte fra il 1848
e il 1868 fu sempre in una fase dinamica. Lo squilibrio
grandissimo imponeva di accelerare il movimento.

Quale era la situazione dei varii Stati al momento del-
l'annessione? Quando l'unità si formò quali erano gli oneri
che ciascuno Stato portava? Quali erano i vantaggi?

È fuori di dubbio che a Napoli le imposte erano, data la
ricchezza degli abitanti, almeno tre volte inferiori che in
Piemonte: di molto inferiori senza dubbio a quelle degli altri
Stati della penisola.

Nel 1860, la situazione del regno delle Due Sicilie, di
fronte agli altri Stati della penisola, era la seguente, *data la
sua ricchezza e il numero dei suoi abitanti*:

1° Le imposte erano inferiori a quelle degli altri Stati;

2° I beni demaniali e i beni ecclesiastici rappresentavano una ricchezza enorme e, nel loro insieme, superavano
i beni della stessa natura posseduti dagli altri Stati;

3° Il debito pubblico, tenuissimo, era quattro volte inferiore a quello del Piemonte e di molto inferiore a quello
della Toscana;

4° Il numero degli impiegati, calcolando sulla base delle
pensioni nel 1860, era di metà che in Toscana e di quasi
metà che nel regno di Sardegna;

5° La quantità di moneta metallica circolante, ritirata
più tardi dalla circolazione dello Stato, era in cifra assoluta
due volte superiore a quella di tutti gli altri Stati della penisola uniti assieme ».

Il Mezzogiorno era dunque, nel 1860, un paese povero;
ma avea accumulato molti risparmi, avea grandi beni collettivi, possedeva, tranne la educazione pubblica, tutti gli
elementi per una trasformazione.

Invece la opinione diffusa allora in Italia (è scomparsa ora
del tutto?) era che il Mezzogiorno fosse un paese assai ricco;
un paese *naturalmente* ricco, e che solo per colpa di governi

non avesse dato ciò che poteva: bastava la libertà, magari aggravata da imposte, per dare la ricchezza a tutti.

Quando il primo re d'Italia entrava in Napoli, Ruggero Bonghi dettava per lui, in nome del popolo napoletano, indirizzo in cui l'Italia meridionale era dipinta come paese troppo ricco e perciò appunto preda di stranieri e di male dinastie.

I primi deputati meridionali, scelti presso che tutti fra i patrioti più notevoli, ignoravano quasi completamente il Mezzogiorno. Erano in gran parte ideologi; antichi profughi; avvocati, maestri della parola e viventi di vecchie tradizioni letterarie. In ogni occasione ripetevano che l'Italia meridionale era ricca; che bastava venissero la istruzione a illuminare le menti e la libertà, a far nascere le industrie. Ond'è che la illusione della immensa ricchezza naturale, lasciata languire solo per colpa del dispotismo, era diffusa dovunque, anche e sopra tutto fra i settentrionali.

Valentino Pasini affermava Napoli ricchissima; Depretis, alle difficoltà del nord d'Italia contrapponeva la prosperità delle « ricche province del Regno di Napoli »; Sella chiamava Napoli la città più cospicua del nuovo regno.

I meridionali, lungi dal diradare questi pericolosissimi pregiudizi li eccitavano, anzi spesso li determinavano: per ignoranza della realtà, per quella vaghezza di frasi che è stata sempre la nostra rovina, per pregiudizio spagnolesco di grandezza.

Ora, se l'Italia non è un paese *naturalmente* ricco, l'Italia meridionale è la parte più povera di tutta l'Italia, e, date le condizioni attuali della produzione, è anche quella in cui il miglioramento è più difficile.

L'Italia meridionale del continente quasi non ha alcuna ricchezza del sottosuolo; e non ha mai avuto un grande sviluppo industriale.

Base di tutta la vita sociale è l'agricoltura, unica fonte

di ricchezza. Ancora adesso, come quaranta anni or sono, la grande industria manifatturiera non è quasi sorta.

Se si tolgano gli stabilimenti governativi, non vi è traccia di opifizi se non in una piccola zona dintorno a Napoli, a Bari, nella valle dell'Irno e in una piccola parte di Terra di Lavoro.

L'agricoltura è fatta sopra tutto di acqua: ora la grandissima parte dell'Italia meridionale difetta di acqua. Non è solo l'Apulia *siticulosa*, ma è gran parte del Mezzogiorno. L'umidità relativa appare quasi generalmente scarsa; non vi sono veri fiumi navigabili; i corsi d'acqua per lavori d'irrigazione sono nel versante adriatico pochissimi; nel versante tirreno in maggior quantità, ma non utilizzati che in poca parte e per lo stato in cui sono ridotti, utilizzabili solo con molti sforzi e grandi spese.

La popolazione del Mezzogiorno è agglomerata quasi dovunque: esistono alcune oasi di popolazione sparsa in Abruzzo, in Campania, in Terra di Bari e in Terra d'Otranto. La malaria è generalmente più diffusa che nelle altre parti d'Italia.

La sola Basilicata, che rappresenta appena 1,74 % di tutta la popolazione del Regno, e nel 1897 avea appena 549,771 abitanti, ha dato più morti di malaria di tutta la Italia settentrionale, la quale ha 11 milioni e mezzo di abitanti e rappresenta 36,8 della popolazione del Regno.

Tranne qualche piccolo lembo litoraneo e qualche piccola zona di Abruzzo, non vi sono che tre punti i quali abbiano una fertilità naturale notevole: la Campania così detta felice; la piccola conca di Avellino e una gran parte della Terra di Bari.

Ma in queste zone, dove la vita era più facile, la popolazione è cresciuta in forma vertiginosa; in forma che non par quasi credibile per paesi i quali non hanno altra risorsa fuori dell'agricoltura.

La provincia di Napoli, nel 1898, avea per chilometro quadrato 1.299 abitanti; Caserta 142, a causa del circondario di Nola, dove la fertilità ha spinto la popolazione fino a 402 abitanti per kil. q. La provincia di Salerno ha 116 abitanti per kil. q., e dove è fertile, come nel circondario di Salerno, giunge a 334; la Terra di Bari, densa dovunque, raggiunge 154. Anche le province più sterili, come Cosenza, raggiungono 71 abitanti, e Potenza 55. Dov'era possibile cercare la vita, in questo sterile Mezzogiorno, l'uomo l'ha cercata; spesso con un'asprezza di lavoro che non pare credibile; con una tenacia di attaccamento che non par verosimile.

Ora si può affermare che, *dato il grado di fertilità naturale della terra*, e data la mancanza di industrie, *nessun paese è più denso del Mezzogiorno*, che pare viceversa scarso di uomini.

Prendiamo i più ricchi dipartimenti agricoli della Francia: Lot-et-Garonne, dove sono grossi centri e industrie potenti relativamente al territorio, ha assai meno della metà degli abitanti della provincia di Salerno; a Pas-de-Calais, dove sono industrie solide, ha assai meno abitanti di Bari; la Côte d'Or, le Alpes-Maritimes, la Charente, hanno meno abitanti della Basilicata, nella più gran parte sterile e malarica.

Quando si rifletta che in media la Prussia ha presso a poco la stessa densità delle Calabrie; che le Puglie hanno quasi la densità del Wurtemberg, mirabile per progressi industriali; che le Puglie hanno poi una densità che supera quella della prospera Baviera ai 22 abitanti per kil. q.; non si può pensare senza una punta di malevolenza a quegli ideologi, che hanno descritto il loro, il nostro paese come naturalmente *fertile* e *felice*.

Povera campagna di Basilicata, ove la malaria attossica; povere terre di Calabria, senza letizia; Capitanata triste e senz'acqua; poveri monti del Sannio, ancora più deserti che in passato; come la ideologia vi è stata funesta!

Valutazioni recenti della ricchezza privata italiana non vi sono: io spero poterne presto dare una. Ma quelle fatte dieci anni or sono si trovan tutte concordi nell'attribuire una grande povertà a questo Mezzogiorno, ch'era stato descritto come una specie di terra promessa, a cui il dispotismo avea impedito che altri popoli affluissero.

Dieci anni or sono il professore Pantaleoni, in un suo notevole studio, ragguagliando a 100 la ricchezza dell'Italia, attribuiva a ciascuna regione la seguente proporzione: Piemonte e Liguria 16 %, Lombardia 14, Lazio 10, Veneto 9, Italia meridionale 7 $\frac{1}{2}$, Marche e Umbria 7, Sicilia 6 $\frac{1}{2}$, Sardegna 5. Un meridionale, secondo il Pantaleoni, ha mediamente la metà della ricchezza di un settentrionale, e cinque cittadini dell'Italia centrale hanno poco più della ricchezza di quattro settentrionali e di sette meridionali.

Sono calcoli di relativa approssimazione; ma si può dire che tutte le ricerche coincidano più o meno con queste cifre.

Da dieci anni la ricchezza dell'Italia settentrionale è grandemente cresciuta; nel Mezzogiorno vi è invece arresto e in qualche provincia vi sono anzi tutti i sintomi della depressione. La Lombardia, il Piemonte e la Liguria, godendo tutti i benefizi di un regime doganale fatto quasi ad esclusivo loro benefizio, dopo avere goduti i frutti di una politica finanziaria, che per quaranta anni riserbava ad essi i maggiori benefizi e al Sud i maggiori danni, sono in trasformazione profonda; sicchè il distacco fra il Nord e il Sud si accentua. E qualunque finzione per negare, non serve a nascondere la verità, che si manifesta in tutte le forme.

L'antico regno delle due Sicilie era dunque più povero del resto d'Italia; bene inteso però che l'isola di Sicilia avea ed ha ricchezze naturali da sfruttare di gran lunga maggiori di quelle del Mezzogiorno continentale. La zona orientale della Sicilia è di fertilità meravigliosa; la zona settentrionale ha anch'essa vaste estensioni di terre fecondissime. Se le province di Caltanissetta e di Girgenti e in generale la zona interna dell'isola sono più povere, esse hanno però nelle miniere di zolfo una grande risorsa.

Quando nel 1860 il regno delle due Sicilie fu unito all'Italia, possedeva in sè tutti gli elementi della trasformazione.

L'Italia meridionale aveva infatti un immenso demanio pubblico. Le imposte dei Borboni erano mitissime e Ferdinando II avea cercato piuttosto di mitigarle che di accrescerle. Le accuse che Antonio Scialoja movea alla finanza borbonica, esaminate ora onestamente, sulla base delle pubblicazioni ufficiali, non resistono alla critica. Ben vero che l'opera di Scialoja fu nobilmente e altamente politica e va considerata solo tenendo presenti i fatti che la determinarono.

Dal 1820 al 1860 il regime economico e finanziario dei Borboni determinò una grande capitalizzazione.

È vero che le province erano in uno stato quasi medioevale, senza strade, senza scuole; ma è vero pure che vi era uno stato di grossolana prosperità, che rendeva la vita del popolo meno tormentosa di ora.

Il commissario governativo mandato a Napoli da Cavour, dopo l'annessione, il cavaliere Vittorio Sacchi, riconosceva tutti i meriti della finanza napoletana, e nella sua relazione ufficiale non mancava di additarli.

All'atto della costituzione del nuovo Regno, il Mezzogiorno, come abbiam già detto, era il paese che portava minori debiti e più grande ricchezza *pubblica* sotto tutte le forme.

Or, poichè si diceva che il Nord fosse meno ricco del Sud e si credeva che molto avesse sacrificato alle lotte della indipendenza e della unità, parve anche assai naturale che i meridionali pagassero il loro contributo. Così i debiti furono fusi incondizionatamente e il 1862 fu unificato il sistema tributario ch'era diversissimo.

Furono venduti per centinaia di milioni i beni demaniali ed ecclesiastici del Mezzogiorno, e i meridionali, che aveano ricchezza monetaria, fornirono tutte le loro risorse al tesoro, comprando ciò che in fondo era loro; furon fatte grandi emissioni di rendita nella forma più vantaggiosa al Nord; e si spostò interamente l'asse della finanza. Gl'impieghi pubblici furono quasi invasi dagli abitanti di una sola zona. La partecipazione ai vantaggi delle spese dello Stato fu quasi tutta a vantaggio di coloro che aveano avuto la fortuna di nascere nella valle del Po.

Non vi fu nessuna malevolenza.

Si dicea — e i meridionali diceano — l'Italia del Sud *è ricca;* e bene perchè non dovea pagare i vantaggi dell'unità, essa che vi avea meno contribuito?

La burocrazia meridionale era borbonica: si potea non licenziarla quasi in massa?

Occorreva, in vista di una guerra coll'Austria, e per compiere l'unità, trasformare i paesi che doveano essere il teatro della guerra. Si potea non spendere tutte le risorse nel Nord? Chi può discutere dinanzi al pericolo?

Vi era bisogno di grande entrate; e si potea sofisticare sul modo?

In Italia noi abbiamo visto che lo Stato prende più che in tutti gli altri grandi paesi di Europa, relativamente alla produzione annuale della nazione.

Ebbene: dal 1860 a oggi i 56 miliardi che lo Stato ha preso ai contribuenti sono stati spesi in grandissima parte nell'Italia settentrionale.

Le grandi spese per l'esercito e per la marina: le spese per i lavori pubblici; le spese per i debiti pubblici; le spese per tutti gli scopi di civiltà e di benessere, sono state fatte in grandissima parte nel Nord.

Per quaranta anni è stato un drenaggio continuo: un trasporto di ricchezza dal Sud al Nord. *Così il Nord ha potuto più facilmente compiere la sua educazione industriale; e quando l'ha compiuta ha mutato il regime doganale.* E il Mezzogiorno che non ha, soprattutto che non avea nulla da proteggere, ha funzionato dopo il 1887 come una colonia, come un mercato per le industrie del Nord; che poi, raggiunto un certo grado di sviluppo, han potuto esportare e sfidare anche l'aria libera della concorrenza.

Perfino le spese fatte nel Mezzogiorno furono in gran parte erogate per mezzo di ditte settentrionali. Ho un elenco quasi completo dei grandi appaltatori dello Stato dopo il 1862; non figurano che pochissimi meridionali. Spesso questi ultimi sono stati poco intraprendenti, ma tante volte, quando hanno voluto essere, si sono urtati, sopra tutto nei primi anni, contro una burocrazia interamente avversa e diffidente.

Le più grandi fortune dell'Italia settentrionale sono state compiute mediante lavori pubblici o forniture militari; la storia del regime ferroviario da venti anni a questa parte, (la conversione delle obbligazioni tirrene è classico esempio) spiega non pochi spostamenti di ricchezza.

Non educato ad alcun regime di libertà, il Mezzogiorno usciva, dopo il 1860, da uno stato quasi medioevale.

Esso fu, esso è tuttavia nella politica italiana un elemento di disordine.

I primi deputati non rappresentavano una condizione reale di cose; ma solamente l'entusiasmo, oserei dire la illusione, della forma nuova. Più tardi la cultura politica bassa e il debole risveglio delle classi popolari, determinarono nel Sud una deputazione politica assolutamente inferiore; una massa amorfa ove prevalevano gli avvocati in cerca di cause. Fatte alcune nobili eccezioni, la rappresentanza del Mezzogiorno vale assai poco. Molti di coloro che ci comandano, noi non vorremmo avere in domesticità.

Per la più gran parte dei deputati del Mezzogiorno una croce di cavaliere ha più importanza di un trattato di commercio; anzi importa più che l'indirizzo di tutta la politica finanziaria. Il Governo, da parte sua, ha avuto interesse a mantenere il Mezzogiorno come un *feudo politico*, votante per tutti i ministeri. Come nelle vie di campagna sorge di tratto in tratto qualche croce a ricordare un antico misfatto, nella politica meridionale molte croci spiegano assai misfatti.

Sopra tutto dopo il 1876 ogni ritegno è svanito.

La Destra fu avversa al Mezzogiorno: o, per dir meglio, essa che non avea alcun grande programma economico, ebbe politica interamente opposta agli interessi meridionali. Era inoltre un partito chiuso, spesso una vera *consorteria*, con capi eminenti, con gregari insignificanti; e credea politica conveniente creare grossi interessi privati su cui assidere il suo potere.

Ond'è che l'Italia meridionale fu il campo delle agitazioni di Sinistra. La Sinistra meridionale, di cui non sarà mai detto male a bastanza, non fu un partito, fu l'insieme di tutti gli appetiti, lo sfogo di tutti i malcontenti: fu la negazione di ciò ch'era stata la Destra. Si personificò spesso in uomini privi di ogni morale, che confondevano interesse pubblico e privato e il primo sottomettevano quasi sempre al secondo. Ebbe nella politica qualche volta azione utile: nella morale pubblica quasi sempre dannosa. Raccoglieva antichi borbonici, liberali nuovi, ma abituati alle abitudini vecchie e desiderosi di prepotere; amanti dei metodi dell'assolutismo peggiore quando erano al governo, predicatori della peggiore anarchia quando erano all'opposizione. Vi erano in essa alcuni capi illustri per il passato; altri il cui passato era stato ingrandito; altri che la parola abbondante rendeva illustri e pericolosi.

Dopo il 1876 sopra tutto il Mezzogiorno è stato assai più di prima dato in preda ai peggiori avventurieri. Da ogni Governo, più o meno, si è speculato sulla sua ignoranza, sulla sua povertà, sui suoi dolori. Anche adesso province intere sono sotto la dominazione di avventurieri parlamentari, che vi esercitano il loro potere mantenendolo su organizzazioni locali pessime. Date le vicende del regime rappresentativo, la tentazione di avere una maggioranza solida, di farsi la maggioranza, come si dice in gergo parlamentare, vince più o meno tutti. D'altronde, per male tradizioni, l'Italia meridionale pare che essa stessa invochi e solleciti ciò che più le nuoce.

Così invece di reagire il Sud ha acuito esso medesimo il suo male, determinando spese inutili, chiedendo per ignoranza politica fastosa, che non potea pagare: invece di impedire lo sperpero l'ha secondato, e spesso l'ha voluto.

Senza dubbio molti grandi avvocati l'Italia meridionale ha

dati; molti che sono arricchiti. Molti arricchiscono tuttavia, facendo servire il potere politico a corrompere e a inquinare la giustizia. Ma ciò è più grande ragione di tristezza.

Assai spesso i politici meridionali hanno spiegato la loro opera in favore delle tendenze e degli scopi peggiori; ma anche in questo caso è accaduto che ne hanno ritratto vantaggio, se ve n'era, quasi sempre le province settentrionali. Anche le tendenze imperialiste del Sud, frutto più che di ogni altra cosa, di ignoranza, sono state sfruttate (o ironia dei fatti!) da grossi interessi del Nord.

Non posso qui ripetere quanto ho detto altrove; ma la lettura dei miei studi precedenti dimostra queste cose a evidenza.

La pochezza dei rappresentanti del Mezzogiorno e la confusione delle idee è stata tale che, per tanti anni, si è detto e si è pubblicato nella Camera e fuori che il Mezzogiorno pagava poco e viceversa otteneva il maggior benefizio delle spese allo Stato! In altri termini si è aggiunta la ironia crudele al danno; ironia dei fatti, se non delle intenzioni.

Ora dalle mie indagini risulta che, *proporzionalmente alla sua ricchezza, il Sud paga per imposte di ogni natura assai più del Nord; e viceversa lo Stato spende molto meno.*

La rendita pubblica a sua volta si è andata a concentrare dove maggiore è il numero dei grandi servizi di Stato e maggiore il numero delle spese.

L'ordinamento del nostro sistema tributario è tale che una provincia povera come Potenza paga più di Udine; e Salerno paga più di Como, mirabile per industrie e per traffici!

Le grandi spese sono concentrate nel Nord: alcune per necessità, altre senza.

Le spese navali si fanno quasi interamente in Liguria. Nel Nord d'Italia vi sono 10 soldati per ogni 1000 abitanti e nell'Italia meridionale meno di 4.

Gli istituti di istruzione, di giustizia, di educazione industriale sono concentrati tutti allo stesso modo, sicchè il Mezzogiorno appare qualche volta una landa delle istituzioni, ove il Governo è più assenteista dei proprietari. In questa landa la civiltà non è rappresentata spesso che dai carabinieri; e il Governo non appare che sotto le forme della prepotenza e della violenza, costretto, per conservare i suoi feudi politici, a consegnare ogni provincia, ogni zona nelle mani dei peggiori avventurieri parlamentari.

Si credeva che le grandi spese per lavori pubblici fossero state fatte nel Mezzogiorno e ho dimostrato che non è vero; si credeva che i meridionali avessero invaso gli impieghi e ho trovato che tra gli impiegati il minor numero era di meridionali.

Tanto han potuto la nostra poca educazione politica e il folle pregiudizio della nostra ricchezza!

Ma, si dice, l'Italia meridionale ha grandi risorse che non mette a frutto. A Milano, che è la città meno unitaria, avendo ricavato i maggiori benefizi dalla unità, si ritiene che i baroni meridionali, in una economia quasi feudale, nascondano le loro ricchezze.

Quali ricchezze? e che cosa non si mette a frutto?

La più grande quantità di rendita pubblica si trova (se si tolga il Lazio) in Liguria, in Lombardia, in Piemonte; assai poca è la massa di rendita che si trova nel Mezzogiorno ed è stata *comperata alle condizioni più svantaggiose.* Un abitante della Liguria ha 15 volte più rendita pubblica di un abitante della Calabria; e un abitante del Piemonte ne ha 7 volte più di un abitante di Basilicata.

E dove sono le ricchezze che rimangono inoperose?

Il risparmio è così esiguo sotto tutte le forme, che quasi non pare che possa ridursi a così poco.

Nel 1896 mentre l'Italia settentrionale avea nelle casse di risparmio ordinarie quasi 800 milioni; 140 nelle società cooperative di credito; 35 nelle società ordinarie di credito; 244 nelle casse postali di risparmio e avea inoltre banche poderose e istituzioni commerciali di ogni nome; nell'Italia meridionale, dove si vive una vita assai grama, non vi erano che pochi risparmi.

L'Italia continentale del Sud, che rappresenta il 23 % della popolazione italiana, mentre la Lombardia rappresenta appena il 13 %, non avea nello stesso anno e sotto tutte le forme che poco oltre 160 milioni di risparmio; mentre la Lombardia ha nelle sole casse di risparmio ordinarie assai più che mezzo miliardo.

Per ignoranza delle cose, per fatua e dannosa tradizione, i meridionali stessi ripetono che il Mezzogiorno ha grandi ricchezze inoperose. Dove? Sotto quale forma?

Senza dubbio i pochi ricchi del Mezzogiorno meritano tutto il biasimo per le loro abitudini di Spagna; per essersi trasformati in semplici percettori di interessi e di rendite; hanno grande responsabilità per essere impari al loro còmpito; ma se questo fatto è assai riprovevole nelle province meridionali ed è più grave che altrove, è forse esclusivo di esse?

La politica finanziaria dello Stato ha trasportato una massa ingente di ricchezza, qualche miliardo forse, dal Sud al Nord. La politica doganale, sopra tutto dopo il 1887, ha acuito il contrasto d'interessi. Per molti anni due terzi degli italiani hanno lavorato a beneficio della Liguria, del Piemonte e sopra tutto della Lombardia.

Così la differenza fra il Nord e il Sud si è acuita: *l'Italia settentrionale* e *l'Italia meridionale* sono ora a una distanza maggiore che nel 1860.

La mortalità elevata, quando assume carattere permanente, è indice di disagio e di povertà. Ora la mortalità in Italia diminuisce; ma diminuisce in assai diversa misura. Nel periodo 1865-1869 era nell'Italia settentrionale di 29,06 per 1000 abitanti, nella meridionale di 31,86: la differenza non era grande. Nel 1898 è stata nella Italia settentrionale di 21,24 e nella meridionale di 25,07. Se la mortalità diminuisce da per tutto, diminuisce disegualmente.

Sono in Italia gli Abruzzi e la Puglia dove si muore di più: e sono la Liguria e il Piemonte dove si muore di meno.

Così per la delinquenza e per la istruzione: se vi è miglioramento in tutta la penisola, ancora più si è acuito il dissidio fra il Nord e il Sud, indice di situazioni differenti.

Le poche statistiche sui consumi che noi possediamo ci mettono in grado di affermare che mentre lo sviluppo di essi è notevole nel Settentrione, in molte zone del Mezzogiorno vi è tendenza alla diminuzione. Caratteristico il fatto della città di Napoli, dove le cifre dei dazi indicano una situazione orribile e quasi tormentosa.

Così le imposte, avendo raggiunto un alto grado di pressione, si esigono nel Sud con difficoltà: e, per il regime tributario italiano, ricadono con maggiori gravezze sui contribuenti meridionali. La media degli aggi delle esattorie che è di 0.91 in Lombardia, di 0.99 in Piemonte, di 1.09 in Liguria, raggiunge 3.29 in Abruzzo, 3.37 in Calabria, 4.02 in Basilicata.

Masse enormi d'immobili sono espropriate ogni giorno nel Sud. E siamo giunti al punto che la Calabria ha più espropriati dell'Italia centrale e dell'Italia settentrionale unite assieme; anzi che *la Basilicata, ha da sola un numero di espropriati che è di tre volte superiore* a quello dell'Italia settentrionale, mentre rappresenta un ventunesimo di quella popolazione.

Qualcuno ha detto che vi è nel Mezzogiorno l'abitudine di farsi espropriare. È uno spirito un po' macabro: e, come ho detto in *Nord e Sud*, non è molto dissimile dal consiglio che è in alcuni vecchi libri di cucina piemontese: *il coniglio ama di essere scorticato vivo*.

La città di Napoli, la quale nel secolo XVI era la seconda città di Europa per numero di abitanti e veniva subito dopo Parigi, ora non è più tra i centri maggiori. In questa diminuzione relativa è un fatto di ordine generale, il quale si riattacca alle mutate condizioni della produzione e del traffico.

Ma gli ordinamenti economici e finanziari del Regno d'Italia hanno accentuato questo fatto.

Nel 1862 la città di Napoli aveva quasi il doppio della popolazione di Milano e ora la supera di 89 mila, avea quasi quattro volte la popolazione di Genova e ora ha poco più del doppio; avea più del doppio della popolazione di Torino e ora la supera di un terzo. E ciò senza parlare di Roma, che ha avuto sviluppo enorme. Fra qualche decennio Napoli non sarà nè meno la più popolosa città italiana.

È vero che i centri minori del Mezzogiorno si sono assai sviluppati e che la vita delle province è di molto aumentata.

La città di Napoli vivea quasi del tutto prima del 1860 sulla borghesia delle province e sul reddito agricolo delle grandi famiglie fondiarie; ma vivea sopra tutto sullo Stato. Vi erano una corte sontuosa; ministeri e legazioni con abitudini fastose; uno stuolo enorme d'impiegati; 40 mila soldati all'incirca. L'elemento indigeno era originariamente più povero: le famiglie borghesi della città sono quasi tutte trapiantate a Napoli in tempo recente e pochissime possono provare di esservi da un secolo. Il ceto medio era composto da proprietari delle province, che venivano a Napoli quasi per diporto e finivano col rimanervi; da impiegati e dipendenti dello Stato; da causidici numerosissimi; da grande numero di appartenenti agli ordini ecclesiastici; da pochi grossi commercianti stranieri. Vi era un quinto di ricchi, o di causidici, o di impiegati, e vi erano quattro quinti di poveri che lavoravano per essi, o, per dir meglio, al loro servizio.

Perduta la capitale, Napoli avrebbe dovuto trasformarsi in grande città industriale. Un popolo di 600 mila abitanti non è mai vissuto e non può vivere sulle spese dei forestieri: i quali, del resto, per le mutate condizioni, non vengono più a svernare se non in piccolo numero e per breve tempo.

Ma mancava l'educazione — e mancò la possibilità. Le vendite tumultuose dei beni demaniali, l'aggravamento delle

imposte, le grosse emissioni di rendita, la perdita del grosso
mercato di consumo, determinarono uno stato di depressione,
che si andò sempre più aggravando.

D'altronde, poichè il paese non avea educazione politica,
fu dato in preda a tutte le clientele più infami, da governi
che non voleano assicurarsi se non delle maggioranze. E
questo stato di cose ha impedito ogni sviluppo di vita industriale.

Or sono oltre trenta anni che la città di Napoli presenta
tutti i sintomi della decadenza: non sorgono nuclei industriali, i traffici rimangono quasi stazionari, la vita locale
diventa più difficile.

Migliorate in qualche modo le condizioni sanitarie, l'acqua
limpida e abbondante ha fatto diminuire grandemente il numero delle malattie infettive; ma è cresciuta la mortalità
derivante da poca e poco sana alimentazione. La morbidità
e la mortalità per esaurimento aumentano: sintomo di uno
stato di cose rattristantissimo.

La situazione di Napoli si presenta anzi spaventosa.

La tubercolosi è in aumento rapido e continuo; le ente-
riti frequentissime, indice di nutrizione povera e malsana,
sono, caso unico in Italia, raddoppiate solo a Napoli negli
ultimi anni; tutti i sintomi della povertà economica coincidono con la decadenza fisica della popolazione. Vi sono piccole città nell'Italia del nord, che hanno una potenza industriale superiore a Napoli: certo tutta la provincia di Napoli,
che contiene così immane popolo, ha meno forza motrice
nella industria della piccola provincia di Como. Massa
enorme di uomini peggiora ogni giorno le sue condizioni di
esistenza: e Napoli, caso unico nel mondo civile, presenta
questo spettacolo: *da dieci anni a questa parte, mentre la
sua popolazione aumenta, diminuisce la quantità degli ali-
menti ch'essa consuma.* Come nella parabola del dottor
Sophus, che constatava che quando le città litoranee aumentano, i pesci vanno via.

Tutte queste cose invece di determinare nel Mezzogiorno

una reazione violenta, hanno determinato solo uno stato di inerte e pericoloso malcontento.

L'Italia meridionale non è conservatrice, nè liberale; è apolitica. E come accade nei paesi apolitici, è turbata spesso da scosse brusche: sicchè costituisce un pericolo rivoluzionario. Nessun paese d'Italia ha più mutato e più subitamente mutato dinastie di questo paese, che pure dette all'Italia il più antico e più grande reame.

Ma ora, diffondendo l'idea, ch'esso sia e rimanga una specie di baluardo delle istituzioni, si viene a creare un equivoco permanente e a perpetuare una delle maggiori cause di danno.

Un ministro meridionale ha detto che i sindaci del Mezzogiorno sono tutti fedeli cavalieri della Monarchia: cavalieri e commendatori sono senza dubbio quasi tutti; ma si può dire lealmente ch'essi non rappresentino nessuna tendenza politica.

L'*unità* non vuole dire *uniformità:* il paese più unitario di Europa, la Francia, ha ordinamenti amministrativi speciali per Parigi e per Lione, e quasi dovunque le grandi città hanno regimi differenti. Ma anche la *unità* diventa pretesto di male. ·Così ora s'impedisce, sotto pretesto unitario, che Napoli abbia ordinamento amministrativo speciale e conforme ai suoi bisogni, e si vuole mantenere a ogni costo un sistema i cui risultati dolorosi non potrebbero essere più evidenti.

La trasformazione rapida dell'Italia del Nord non è suo merito: è conseguenza di condizioni storiche e geografiche evidentissimi. E così anche la depressione del Sud non risponde ad alcuna necessità etnica; ma solo a condizioni che possono mutare e che noi crediamo dovranno mutare.

Il processo di trasformazione dell'Italia del Nord è evidente.

In un primo tempo, formata la unità, essa ha dato, per

ragioni politiche i soldati, gl'impiegati, i costruttori: vi era maggiore cultura e vi era la pratica del governo rappresentativo. L'Italia del Nord ha profittato quasi esclusivamente di tutta la politica dello Stato: Liguria, Lombardia, Piemonte, sopra tutto sono state le tre zone dove tutto è andato ad affluire. Per trenta anni tutte le spese dello Stato vi si sono quasi concentrate; così si sono formati i primi grandi nuclei di capitali, che hanno formazione storica e politica, piuttosto che industriale.

Quando i capitali si sono concentrati, l'Italia del Nord, a cominciare dal 1872, poichè aveva il Governo e si trovava di fronte a regioni che non volevano nulla, ha orientato la politica doganale in tal modo che la sua trasformazione industriale è stata possibile: ed essa si è trovata ad avere una grande colonia di quasi 20 milioni di uomini, l'Italia del Centro, del Sud, le isole, che sono state un mercato sicuro e per necessità doganale fedele. Le tariffe del 1887 hanno accentuato questo fatto.

D'altra parte, la condizione geografica dell'Italia del Nord, l'avere il confine di un paese di 30 milioni di uomini, ha reso rapida la trasformazione, *che è avvenuta*, meno per merito dei nostri industriali, *che per l'azione* esercitata dalle popolazioni e dai capitali dell'Europa centrale.

Le prime grandi industrie che sono sorte nel Nord sono state fatte nella più gran parte da francesi, da tedeschi, da svizzeri: il *libro d'oro* dell'industria e del commercio di Lombardia abbonda di suoni gutturali e di desinenze aspre.

E, d'altra parte, anche la mano d'opera si è perfezionata sotto l'influenza esterna del confine. Tutta l'emigrazione dell'Italia del Sud è temporanea e si dirige, in generale, oltre l'oceano: sono diecine di migliaia di contadini che vanno a vendere la forza di lavoro, e che nella più gran parte non tornano.

L'Italia settentrionale — rassomigliabile in questo soltanto al Belgio, situato anch'esso tra grandi centri di produzione — ha una forma speciale di emigrazione *temporanea:* sono la-

9 — F. S. NITTI.

voratori che vanno ogni anno all'estero per due o tre mesi o più a trovar lavoro, e che dopo tornano in patria. Or bene sono questi operai che sono stati le sentinelle avanzate della grande industria.

Tra Milano e la Svizzera i treni impiegano minor tempo che tra Napoli e Salerno; ora l'azione esterna è stata ed è grandissima.

E però, quando quest'azione si è svolta in un paese che per almeno trent'anni ha assorbito quasi tutte le spese di un grosso Stato di trenta milioni di uomini, ha trovato il terreno pronto per la trasformazione industriale; ha trovato i capitali. Il regime doganale ha fatto il resto.

Ora, invece, l'Italia meridionale è rimasta medioevale in molte province, non per sua colpa, ma perchè tutto l'indirizzo della politica interna, economica e doganale hanno determinato questo fatto. Tra l'Italia del Nord e l'Italia del Sud è ora più grande differenza che nel 1860: e, mentre la prima si avvicina ai grandi paesi dell'Europa centrale, per la sua produzione e per le sue forme di vita pubblica, la seconda ne rimane sempre lontana, e, per la produzione sua, rimane anzi assai più vicina all'Africa del Nord.

Questa è la verità che nulla può mutare nel suo artificio: una verità che nessuno sforzo di logica può attenuare.

L'unità non solo è condizione di sviluppo per l'Italia; ma è condizione di vita. E noi dobbiamo considerare come dannoso tutto ciò che affievolisca il sentimento unitario.

Appunto per questo è bene, piuttosto che durare nell'equivoco, dire la verità intera, denunziare i fatti sì come sono: aprire gli occhi a chi non vuol vedere, gridare la verità in tutte le forme.

Ma, per giustizia, bisogna riconoscere che la responsabilità di quanto è accaduto è sopratutto dei meridionali stessi.

I meridionali hanno spesso qualità dissociali o antisociali: poco spirito di unione e di solidarietà, tendenza a ingrandire le cose o addirittura a celarle, per amore di falsa grandezza; per poco spirito di verità. Molti vanno in rovina per esser creduti ricchi, e così anche chi vede la situazione reale quasi non desidera che la verità sia manifesta agli altri.

Manca lo spirito del lavoro nelle classi medie; manca la educazione industriale. Si sopporta che l'amministrazione e la politica siano spesso nelle mani di persone indegne, pure di averne piccoli vantaggi individuali. La prima condizione per lo sviluppo della ricchezza è una relativa sicurezza: e chi di noi è sicuro?

Manca spesso la buona fede commerciale; manca più spesso ancora l'interesse di ogni cosa pubblica.

Quanti fatti sono a provare questo stato di inerzia e di indifferenza!

Ma bisogna pur dire che in tutto ciò non vi è nulla di fatale, e il giorno in cui la diffusione della verità avrà determinato nei meridionali l'idea che la salute è solo in loro stessi, nel loro spirito di opposizione, nella insofferenza dell'abuso, nel più grande spirito di solidarietà, quel giorno si sarà fatto un gran passo nella via della soluzione.

La questione meridionale è una questione economica, ma è anche una questione di educazione e di morale: e lo spirito di opposizione all'abuso o alla invadenza governativa e lo sviluppo della morale pubblica gioveranno più di ogni cosa a far uscire il Mezzogiorno da questo stato, che è veramente assai triste.

L'Italia meridionale non deve chieder nulla: deve solo formare la sua coscienza, perchè reagisca alla continuazione di uno stato di cose che impoverisce e degrada. Deve, sopratutto, volere maggior sicurezza di ordinamenti; maggiore rispetto della legge; deve, più ancora, preferire agli aumenti di spese per qualsiasi ragione, la diminuzione delle imposte più tormentose.

Continuerà ancora l'equivoco presente?

Continuerà fino a quando noi non vorremo vedere la verità così com'è; fino a quando noi attenderemo la nostra salvezza dagli altri e non da noi stessi.

Quanto è detto in questo discorso è ampiamente documentato nel libro *Nord e Sud* e nella maggiore opera su *Il bilancio dello Stato dal 1862 al 1896-97*. Quanto riguarda la decadenza terribile, quasi tragica della città di Napoli, ho svolto ampiamente in una serie di lettere al senatore Roux, pubblicate nel giornale *La Tribuna* in aprile-maggio 1901, e, più ampiamente ancora, in una lunga monografia pubblicata negli atti del R. Istituto d'incoraggiamento di Napoli.

In *Nord e Sud* è provato largamente come tutte le imposte riescano generalmente più gravose nel Sud che nel Nord: sopra tutto le imposte dirette, che, dati i sistemi attuali d'imposizione, sono assai più aspre appunto dove è nella penisola maggior povertà.

Sono tutte nel Mezzogiorno quelle regioni che *non solo dànno proporzionalmente alla loro ricchezza di più, ma quelle che ricevono meno in paragone di ciò che dànno*.

Mentre le imposte sono dunque più aspre nel Sud, le spese sono in tutte le forme scarsissime.

Sarà bene accennare ad alcune spese.

I.

Le spese militari

Le più grandi spese, dopo quelle per il debito, riguardano l'esercito. Ora, prima del 1860, era il Mezzogiorno che aveva maggior numero di soldati.

Distribuzione dell'esercito durante il regime degli antichi Governi
(escluso il Lombardo-Veneto).

	STATO	ANNO	Popolazione calcolata	Numero delle truppe di terra	Soldati per ogni 100 abitanti
1	Due Sicilie . .	1856	9.117.050	92 586	1.015
2	Roma e Stato Pontificio . .	1859 l'esercito e 1857 la popolazione	3.124.668	15.239	0.487
3	Toscana	1858	1.793.967	17.016	0.948
4	Sardegna . . .	1858	5.167.542	47.915	0.927
5	Parma	1858	499.835	3.663	0.732
6	Modena	1857	604.512	5.300	0.876

Dopo il 1860 l'esercito fu per la più gran parte trasportato al confine: in Lombardia, sopratutto, dove si credeva inevitabile la guerra con l'Austria: di poi si è spostato verso il confine occidentale. Ma è sempre nell'Italia del Nord che le grandi spese sono in quarant'anni avvenute: si può dire che gli 8854 milioni spesi per la guerra e i 2884 spesi per la marina dal 1862 al 1896-97 e quelli spesi prima e dopo si sono per la più gran parte riversati nella stessa zona.

La distribuzione più recente dell'esercito è invece la seguente:

Distribuzione dell'esercito per zone.

	Esercizio	Numero di soldati per ogni 100 abitanti
Italia settentrionale	121.342	1.05
Italia centrale	70.251	0.81
Italia meridionale e Sicilia *(ex reame di Napoli)*	51.134	0.48
Sardegna	4.049	0.58

Le spese per la marina si svolgono quasi tutte in Liguria e per mezzo di imprenditori del Nord; *mentre il Regno delle Due Sicilie era il solo che avesse una grande marina.*

II.

Spese per l'istruzione e per la giustizia.

Dopo aver dato tutte le statistiche in cui risultava evidente che l'Italia meridionale ha, di fronte al resto d'Italia, assai minor numero di scuole e di istituti d'istruzione, così in *Nord e Sud* (pag. 108-109) conchiudevo:

« Da quanto si è detto finora risulta a evidenza che gli istituti di istruzione e di coltura sono non solo ripartiti in modo assai disuguale, ma che tendono anche adesso ad accentrarsi sempre più nell'Italia settentrionale e nella centrale.

« Il fatto era noto per l'istruzione superiore: anzi era stato molte volte notato. Ma, ciò che è grave, è che non si limita solo all'istruzione superiore.

« L'istruzione media, classica e tecnica, è in situazione anche più accentuata.

« Un individuo che, nell'Italia settentrionale, vuole indirizzare un figliuolo agli studi classici, trova un liceo ogni 2088 kil. q, e ogni 288,796 abitanti; nell'Italia meridionale ne trova uno ogni 2850 kil. q. e ogni 309.134 abitanti. Se ha la fortuna di esser nato nell'Italia centrale ne trova uno ogni 2061 kil. q. e ogni 196,108 abitanti.

« Maggiori saranno le difficoltà se lo stesso individuo vorrà, andando ad abitare nel Mezzogiorno, dare un'educazione tecnica al suo figliuolo. Troverà una scuola tecnica ogni 3760 kil. q. e ogni 397.458 abitanti. Viceversa, se ha fortuna di risiedere nell'Italia settentrionale, troverà una scuola tecnica ogni 1018 kil. q. e ogni 140,876 abitanti. Cresceranno per il meridionale non poco gl'imbarazzi quando sarà il caso di ricorrere all'istituto tecnico.

« Compiuti gli studi secondari. le difficoltà aumenteranno ancora quando si tratterà di conquistare la laurea. La laurea, si sa, vale in Italia pochissimo, perchè tutti l'hanno; ma, appunto perchè vale pochissimo, non è possibile farne a meno da chi voglia il più modesto ufficio.

« L'educazione artistica e musicale è quasi interdetta in alcune regioni: i bisogni di tale natura, dato l'ordinamento italiano, è possibile soddisfare quando si abiti nell'Italia settentrionale e nella centrale.

« Se si tratta di trovare una biblioteca, gli abitanti dell'Italia meridionale non possono trovarne che appena qualcuna a Napoli. Nell'Italia settentrionale ve ne sono 7 e nella centrale 16.

« Infine, poichè nel Mezzogiorno è assai difficile pensare a cose nuove; chi voglia lasciarsi decadere, non occupandosi che dei suoi antenati (è un'occupazione oziosa, ma qualche volta dilettevole) troverà molto più difficoltà per andare in un archivio di Stato a scoprire, sia pure, delle nobiltà immaginarie ».

*
* *

Le magistrature giudiziarie sono anche più disegualmente distribuite degli istituti d'istruzione: sicchè, nel Mezzogiorno, aver giustizia riesce non solo più difficile, ma spesso assai difficile, pure essendo i rapporti locali più aspri. Le diseguaglianze constatate in *Nord e Sud* sono appena credibili.

III.

I lavori pubblici.

Si è detto e ripetuto sempre che lo Stato abbia fatto grandi spese per lavori pubblici nel Sud: ora, invece, è nel Nord che le più grandi spese sono avvenute.

Le spese portuali, per le spiagge, per i fari, sono state e sono destinate quasi tutte al Nord: e così quasi tutte le altre spese.

Riunendo tutte le spese fatte dal Ministero dei lavori pubblici dal 1862 al 1896-97 si ha:

Spesa fatta dal 1862 al 1897-98 per i diversi servizi dipendenti dal Ministero dei lavori pubblici (comprese le strade ferrate) in rapporto alla popolazione e alla superficie territoriale

REGIONI	Popolazione al 31 dicembre 1898	Superficie in chilom. quadrati	Spesa fatta	SPESA PER		
				1000 abitanti (a)	1 chilom. quadrato (b)	in media proporz. ($\sqrt{a \cdot b}$)
1. Piemonte....	3.380 541	29.378	73.941.237,16	21.872,60	2.516,90	7.419,62
2. Liguria.....	994.716	5.278	136.055.466,25	136.778,19	25.777,84	59.447,95
3. Lombardia...	4.107.851	24.317	157.351.538,61	38.305,53	6.470,70	15.743,67
4. Veneto.....	3.137.169	24.548	273.536.702,21	87.192,22	11.142,93	31.170,13
5. Emil. e Romag.	2.314.553	20.640	186.826.867,83	80.718,32	9.051,69	27.030,30
	13.934.830	104.161	827.711.812,06	59.398,77	7.946,46	21.725,79
Strade ferrate	—	—	1.137.323.370,50	81.617,28	10.910,91	29.852,48
Italia settentrionale	13.934.830	104.161	1.965.035.182,56	141.016,05	18.865,37	51.578,27
6. Marche.....	981.204	9.748	34.632.478,27	35.295,90	3.552,78	11.198,15
7. Toscana....	2.332.256	24.104	127.330.895,41	54.595,58	5.282,56	16.982,48
8. Umbria.....	612.044	9.709	11.078.758,52	18.101,28	1.141,08	4.544,78
9. Lazio......	1.043.998	12.081	272.937.418,98	261.434,24	22.592,24	76.853,00
	4.969.502	55.642	445.979.551,18	89.743,30	8.015,16	26.819,89
Strade ferrate	—	—	347.186.578,95	69.863,15	6.239,65	20.878,77
Italia centrale	4.969.502	55.642	793.166.130,13	159.606,75	14.254,81	47.698,66
10. Abruzzi.....	1.012.976	12.148	56.438.815,79	55.715,86	4.645,94	16.088,88
11. Molise.....	385.772	4.381	38 781.370,28	100.529,76	8.852,18	29.831,31
12. Campania...	3.177.818	16.292	166.358.638,66	52.349,96	10.211,06	23.120,31
13. Puglia.....	1.910.799	19 110	42.501.759,39	22.242,93	2.224,06	7.033,46
14. Basilicata...	551.351	9.962	54.785.923,26	99.366,67	5.499,49	23.376,61
15. Calabria....	1.355.494	15.075	91.320.776,93	67.370,85	6.057,76	20.201,89
	8.394.210	79.968	450.187.284,31	53.630,69	5.849,02	17.711,21
Strade ferrate	—	—	469.421.215,88	55.922,04	6.098,91	18.467,91
Italia meridionale	8.394.210	79.968	919.608.500,19	109.552,73	11.947,93	36.179,12
16. Sicilia.....	3.603.310	25.740	168.632.061,17	46.799,20	6.551,36	17.509,96
17. Sardegna....	766.094	24.078	90.369.507,57	117.961,35	3.753,20	21.041,21
	4.369.404	49.818	259.001.568,74	59.276,18	5.198,96	17.554,89
Strade ferrate	—	—	286.778.324,88	65.633,29	5.756,52	19.437,57
Italia insulare	4.369.404	49.818	545.779.893,62	124.909,47	10.956,48	36.992,46
Totale gen. del Regno	31.667.946	286.648	4.832.387.746,51	152.595,56	16.858,26	50.719,78

L'Emilia e la Romagna, per facilità di calcolo, sono state messe nell'Italia settentrionale; ma si possono separare senza difficoltà: e allora apparrà anche più evidente quale sia stata la distribuzione delle spese pei lavori.

IV.
Gli impieghi dello Stato.

Da *Nord e Sud* risulta evidente che, mentre il Mezzogiorno aveva. prima del 1860, una burocrazia numerosa, dopo venne ad avere negli impieghi dello Stato una parte minima. Le pensioni che ora si pagano dimostrano chiaramente questo fatto:

Nel 1871 la popolazione era censita in 26.801.154 abitanti, nel 1881 in 28.953.480 e nel 1897 era calcolata in 31.479.217.

Ragguagliando queste tre somme a 100, la popolazione di ciascuna delle grandi zone geografiche era proporzionalmente:

	anno 1871 (26,801,154 = 100)	anno 1881 (28,953,480 = 100)	anno 1897 (31,479,217 = 100)
Italia settentrionale	36,7	37,0	36,8
» centrale	24,5	23,8	23,0
» meridionale	26,8	26,7	26,5
Sicilia	9,6	10,1	11,4
Sardegna	2,4	2,4	2,8
Regno	100	100	100

Ora, nel 1874 e nel 1897-98, ragguagliando a 100 il numero dei pensionati, la partecipazione di ciascuna zona era la seguente:

Pensionati negli anni 1874 e 1897-98.

REGIONE	ANNO 1874		ANNO 1897-98	
	Pensionati	Proporzione percentuale	Pensionati	Proporzione percentuale
Italia settentrionale .	33535	34.4	41006	42.1
» centrale . . .	30415	30.8	26346	27.1
» meridionale .	27042	27.4	21899	22.4
Sicilia.	5743	5.7	6148	6.3
Sardegna	1804	1.7	2036	2.1
Regno d'Italia . .	98539	100	97435	100

Risulta adunque che nel 1897-98, mentre l'Italia meridionale rappresenta con la Sicilia 37,9 di tutta la popolazione del Regno, ha appena 28,7 dei pensionati: viceversa l'Italia settentrionale ha da sola 42,1 dei pensionati, mentre rappresenta 36,8 della popolazione.

Ancora più grave il confronto della spesa per le pensioni:

Spesa per pensioni negli anni 1874 e 1897-98.

REGIONE	ANNO 1874		ANNO 1897-98	
	Ammontare delle pensioni	Proporzione percentuale	Ammontare delle pensioni	Proporzione percentuale
Italia settentrionale.	23,611.385	37.4	35.273.300	43.5
» centrale. . .	19.175.766	30.5	23.587.500	28.9
» meridionale .	15.559.114	24.8	15.810.500	19.5
Sicilia.	3.504.191	5 6	4.724.700	5.8
Sardegna	1.137.786	1.7	1.815.400	2.3
Regno d'Italia . .	62.988.242	100	81.211.400	100

L'Italia settentrionale, con una popolazione minore, prende ora 43,5 delle pensioni; l'Italia meridionale e la Sicilia non prendono che 25,3.

La massa degli impiegati dunque, al contrario di ciò che si dice, è stata finora sempre dell'Italia settentrionale e della centrale; l'Italia meridionale e la Sicilia hanno avuto sempre nell'amministrazione dello Stato un'importanza scarsa.

L'Italia meridionale, vivente degli impieghi, quale è stata dipinta, non è mai esistita: non si tratta che di una immorale leggenda.

*
* *

Questi sono gli impieghi *passati*; gli impieghi presenti seguono presso a poco le stesse proporzioni.

Vi è prevalenza dei meridionali nelle più povere funzioni (guardie carcerarie, doganali e di pubblica sicurezza; alunni di cancellerie, ecc.); in tutto il resto, sopratutto in quelli meglio retribuiti, prevalgono i nati nell'Italia settentrionale.

Il Sud è accusato di militarismo; ha pochissimi generali e gli ufficiali dell'esercito e della marina sono in grandissima parte nati al Nord. *Le regioni che dànno meno ufficiali e sott'ufficiali sono tutte nel Sud.*

Il personale superiore dell'amministrazione dello Stato, ragguagliando la proporzione a 100 del totale, si suddivide così:

Italia settentr. 52.8 % la popolazione essendo nel 1897 di 36.8 %
  »   centrale 25.3 »   »   »   »   28.0 »
  »   merid. 15.2 »   »   »   »   26.5 »
Sicilia   4.98 »   »   »   »   11.4 »
Sardegna   2.2 »   »   »   »   2.3 »

V.

La situazione monetaria prima del 1860.

Le monete dei vecchi Stati ammontavano in complesso a 668.926.490,14 di cui il Regno delle Due Sicilie da solo portò 443 281.655,23, pari a 65,7 % del totale; la Lombardia 8.132.691,18, pari a 1,2 del totale; il Veneto 12.761 333,89, pari a 1,9; Parma e Piacenza 1.209.135,09, pari a 0,2; lo Stato Pontificio 90.726.142,14, pari a 14; il Ducato di Modena 456.152,51, pari a 0,12; il Granducato di Toscana 85.263.102,51 pari a 12,9, e infine il Regno di Sardegna 27.096.268,09, pari a 4.

La più grande ricchezza monetaria era dunque nel Regno di Napoli: 65,7 % del totale. Tenendo conto che dopo il 1850, e per parecchio tempo l'oro fu, per la scoperta di nuove miniere aurifere in Australia e in America, un metallo deprezzato, si comprende facilmente quanta ricchezza rappresentassero 424 milioni di argento.

Fra il 1820 e il 1860 il Mezzogiorno si può dire che non fece che risparmiare monete: e questo soltanto spiega come potè portarne in tanta quantità.

Il paese meridionale non avea cultura economica e nemmeno educazione industriale: risparmiava sotto la forma primitiva. Quella massa di monete fu però drenata in poco tempo: essa servì o a pagare le nuove durissime imposte, o a comperare beni demaniali.

VI.

I beni demaniali ed ecclesiastici.

Secondo un recente documento la regione d'Italia che per la vendita dei beni dell'asse ecclesiastico ha dato un maggior contributo è la Puglia: 79,8 milioni fino a tutto giugno 1898; quella che ha dato meno è la Liguria, con 11 milioni. Due sole, le Puglie e la Basilicata, hanno dato più che la Liguria, la Lombardia e il Veneto assieme.

I calcoli i quali, dunque, fanno ascendere a oltre 600 milioni il contributo del Mezzogiorno per la vendita de' beni del demanio antico e dell'asse ecclesiastico, rimangono piuttosto al di sotto della verità.

VII.

I debiti dei varii Stati della penisola.

Così accadde che i debiti furono uniti senza discussione.

E i debiti erano assai diversi.

Secondo una pubblicazione ufficiale della Direzione generale del debito pubblico, le cifre dei debiti dei varii Stati trascritte nel 1862 furono:

Consolidati e rendite inclusi nel Gran Libro del debito pubblico:

Sardegna	61.615.255,05
Lombardia	7.531.185,58
Modena	794.534,42
Parma	610.453,95
Romagne, Umbria, ecc.	121.500 —
Napoli	26.003.633,50
Sicilia	6.800.000 —
Toscana	8.093.284 —
Totale	111.569.846,45

Tenendo conto della popolazione censita nel 1861, la spesa media per il debito ereditato dai varii Stati era dunque:

Regno di Sardegna	quota annuale per abitante		13,93
Granducato di Toscana	″	″	4,43
Regno delle Due Sicilie	″	″	3,58
Lombardia	″	″	2,68
Ducato di Modena	″	″	1,82
Ducato di Parma	″	″	1,21
Romagna, Umbria, ecc.	″	″	0,08

Variazioni successive mutarono ancora queste situazioni; entrò il debito del Veneto, entrò la grossa massa del debito pontificio, 22 milioni e mezzo di rendita all'incirca, alcune correzioni furono fatte.

L'Italia meridionale avea, dunque, piccolo numero di debiti e in rapporto alla popolazione, tra i grandi Stati autonomi della penisola, veniva ultimo fra tutti per debiti, e veniva anche a gran distanza dagli altri.

Il governo borbonico avea egualmente avversione per i debiti e per le imposte: e come queste ultime metteva malvolentieri, temendo l'impopolarità, ai primi ricorreva il meno che fosse possibile

VIII.

La distribuzione attuale della rendita pubblica.

Nell'opera su il *Bilancio dello Stato*, ecc, è stato spiegato il processo per cui il Nord profittò di tutti i vantaggi dei bassi corsi nelle emissioni della rendita pubblica; e il Sud invece comperò la scarsa rendita che possiede ai corsi più alti.

Esiste una stupida leggenda secondo cui i meridionali agiati non fanno che vivere che di impieghi e di rendita. Ecco invece come la rendita pubblica è distribuita.

Distribuzione della rendita pubblica per regioni in base ai pagamenti fatti dalle Tesorerie provinciali nell'esercizio 1897-98.

REGIONI	Pagamenti al netto delle ritenute eseguiti dalle tesorerie provinciali e dalle banche nel regno e all'estero	Media per abitante
Piemonte	72.686.445,75	21,61
Liguria	30.678.429,25	31,02
Lombardia	76.373.413 —	18,70
Veneto	16.467.454,88	5,28
Emilia e Romagna	10.993.413,14	4,76
Toscana	25.742.705,37	11,07
Marche	2.108.148,70	2,15
Umbria	1.110.962,21	1,82
Lazio	57.720.758,88	55,72
Abruzzi e Molise	2.781.667.42	1,99
Campania	33.731.105,46	10,67
Puglie	4.936.756,17	2,60
Basilicata	1.715.171,41	3,11
Calabrie	2.796.543,95	2,07
Sicilia	17.699.901,72	4,96
Sardegna	1.869.846,13	2,45
Cassa generale di Genova	22.435,84	
Cassa coloniale di Massaua	6.873,75	
Banche estere	106.219.908,31	

Se si tolgano le cifre del Lazio, che non esprimono una situazione reale, tutte le altre rispondono perfettamente alla realtà. Ora la rendita pubblica appare per la maggior parte posseduta in Liguria, in Piemonte, in Lombardia e in Toscana; per la minor parte in Umbria, negli Abruzzi e nel Molise, in Calabria, in Sardegna, in Puglia e in Basilicata. La cifra della Campania è relativamente alta solo perchè comprende pagamenti che riguardano altre regioni del Mezzogiorno.

Nè le proporzioni sono mutate negli esercizi 1898-99 e 1899-900.

IX.

Le società sovvenzionate.

Tutte le Società commerciali, che hanno privilegio o monopolio, tutte quelle che ricevono sovvenzioni, tutti gli stabilimenti che riscuotono premi sono interamente o quasi nell'Italia settentrionale e nella centrale. I grandi appalti, le concessioni più vantaggiose sono, o sono stati, in grandissima parte a loro volta nella stessa zona.

Vi fu un tempo in cui si concedevano lavori pubblici per centinaia di milioni all'anno; si appaltavano ferrovie, si facevano forniture frettolose: e tutto era concentrato negli stessi punti, un po' per necessità, un po' perchè la provenienza del governo o dell'amministrazione esacerbava o creava la necessità.

Le centinaia di milioni per sussidi alle società di navigazione, per premi di costruzione e di navigazione alla marina mercantile, per banche privilegiate, ecc., sono state spese nelle stesse regioni: tutto è stato concentrato.

Delle azioni della Banca d'Italia è appena $^1/_{15}$ nel Mezzogiorno. E sono noti i dividendi enormi e quasi senza riscontro che negli anni del corso forzoso diede ai suoi azionisti.

L'elenco fornito dall'on. Saracco dimostra inoltre che *tutti i grandi costruttori di ferrovie sono del Nord.*

X.

La depressione dell'Italia meridionale.

La mancanza quasi assoluta di grandi intraprese, la scarsezza dei consumi, il ristagno di ogni attività sono indizi gravissimi di una depressione crescente.

Più grave sintomo è la riscossione delle imposte dirette.

Attualmente, com'è noto, l'esazione delle imposte dirette erariali e delle sovraimposte e tasse provinciali e comunali è fatta per mezzo di esattori dei Comuni o consorziali, retribuiti ad aggio.

Gli esattori sono pagati ad aggio: e questo sebbene sia corrisposto dai comuni e dalle province, grava unicamente sui contribuenti, essendo aggiunto alla sovraimposta.

Accade che coloro che non possono pagare, devono poi in realtà pagare di più; e gli aumenti degli aggi sono tante esacerbazioni dell'imposta antica.

L'imposta si esacerba in ragione inversa della prosperità; e, dato il sistema attuale, quanto più si è poveri e si abita un paese in cui le comunicazioni sono difficili e gli scambi poco attivi, e tanto più le imposte si aumentano del peso di tutte le riscossioni.

La *media degli aggi delle esattorie* nel 1898 è stata la seguente:

Piemonte	0,99	Abruzzi e Molise	3,29
Liguria	1,09	Campania	2,11
Lombardia	0,91	Puglie	2,66
Veneto	1,41	Basilicata	4,02
Emilia e Romagna	1,87	Calabria	3,87
Marche e Umbria	1,97	Sicilia	2,83
Toscana	1,55	Sardegna	4,86
Lazio	1,68	**Regno**	1,78

Tutte le regioni del Nord rimangono, dunque, al disotto della media generale del regno; e molto al disopra delle regioni meridionali.

La facilità di riscossione è più grande che in tutte le altre regioni in Lombardia; e seguono da vicino il Piemonte e la Liguria. Nel continente la difficoltà più grande è in Basilicata con 4,02, e seguono da vicino la Calabria con 3,87, gli Abruzzi e il Molise con 3,29.

Anche gli aggi massimi, in alcune province del Mezzogiorno sono tali che sembrano appena verosimili.

La povertà invece di determinare un'attenuazione, determina dunque un inasprimento. Non è la minore contraddizione di tutto il nostro regime fiscale.

Dove le difficoltà sono più grandi e le strettezze maggiori, dove le imposte si esigono con maggiori difficoltà, ivi si raggiunge spesso quel limite in cui i contribuenti, non potendo pagare in nessuna guisa, si fanno espropriare.

Il numero delle devoluzioni allo Stato per immobili espropriati a danno di contribuenti debitori di imposte dirette (per effetto dell'articolo 54 della legge 20 aprile 1871) raggiunge nel continente, in rapporto alla popolazione, il massimo in Calabria e in Basilicata, il minimo in Lombardia e in Piemonte.

In quasi quindici anni, dal 1° gennaio 1885 al 30 giugno 1897, sono avvenute le seguenti espropriazioni di immobili:

Piemonte	128	Lazio	3,323
Liguria	226	Abruzzi e Molise	6,153
Lombardia	148	Campania	4,798
Veneto	210	Puglie	2,079
Emilia e Romagna	423	Basilicata	2,356
Toscana	2051	Calabria	11,773
Marche	113	Sicilia	18,637
Umbria	449	Sardegna	52 060

Esiste dunque una zona bianca ed esiste una zona nera. Vi sono regioni che quasi non conoscono le espropriazioni, e altre che ne vedono ogni giorno in grandissimo numero.

La *Basilicata*, che per popolazione rappresenta appena il ventunesimo dell'Italia settentrionale, *ha da sola un numero di espropriati tre volte superiore.*

La Calabria ha assai più espropriati dell'Italia centrale e dell'Italia meridionale unite assieme.

Se si tolga la Sardegna, dove per cause già note e per la polverizzazione stessa della proprietà fondiaria, il fenomeno assume forme e proporzioni differenti, niente eguaglia il tormento del Mezzogiorno.

***

I sintomi della decadenza della città di Napoli sono raccolti nelle pubblicazioni citate e sono di una gravità che non ha riscontro.

***

Le leve militari, la mortalità, le forme che l'emigrazione assume (il numero degli immigranti delle singole regioni rifiutati per povertà assoluta e debolezza fisica dagli Stati Uniti d'America), sono tante prove di uno stato di cose che si manifesta in cento modi.

***

I confronti stabiliti in *Nord* e *Sud* fra Udine e Potenza: Alessandria e Bari; Verona e Avellino; Como e Salerno, dimostrano che *povere province del Sud pagano tuttavia assai spesso più di ricche province del Nord, e che lo Stato, viceversa, fa minor numero di spese.*

XI.

Le ricchezze inoperose.

È opinione comune che il Sud abbia grandi ricchezze inoperose; bisogna avvertire che le ricchezze le quali vi erano sono in gran parte scomparse, e che adesso il movimento degli affari è scarsissimo anche per povertà estrema di capitali.

Abbiamo visto come la rendita pubblica sia scarsa nel Sud: ora tutti i dati (cambio e rinnovazione dei biglietti. ecc.) dimostrano che *sono scarsi anche i depositi monetari.*

E allora, sotto qual forma esisterebbero queste ricchezze inoperose?

***

Sarà bene riunire alcuni dati relativi ai depositi:

Credito dei depositanti al 31 dicembre 1895.

	Casse di risparmio ordinarie	Società cooper. di credito	Società ordinar. di credito	Casse postali di risparmio
		(in milioni)		
Piemonte	128	10	6	106
Liguria	30	0 1	6	58
Lombardia	527	108	16	54
Veneto	110	21	6	25
Emilia	150	29	—	12
Toscana	150	3	1	40
Marche	50	5	2	5
Umbria	15	1	2	2
Lazio	93	0.3	0.4	28
Abruzzi e Molise . .	7	2	0.1	8
Campania	34	6	16	35
Puglie	10	2	4	12
Basilicata	0.5	0.9	0.01	6
Calabrie	7	1	0.9	12
Sicilia	17	5	1.5	39
Sardegna	7	0.03	—	10

La sola Lombardia. che ha meno della metà degli abitanti dell'Italia meridionale del continente. ha depositi assai più che quattro volte maggiori!

Le cifre posteriori al 1895. conosciute solo per alcuni degli enti indicati. non spostano le proporzioni.

*_**

Le *cambiali scontate* dalla Banca d'Italia, dal Banco di Napoli e dal Banco di Sicilia, non sono un indice sufficiente del movimento degli affari. L'Italia del Nord ha grandi e fiorenti istituzioni di credito, e il Mezzogiorno quasi non ne ha. Nondimeno, anticipazioni e sconti fatti nel 1899 si sono ripartiti così :

	Sconti	Anticipazioni
	(in milioni)	
Piemonte	475	91
Liguria	416	15
Lombardia	560	46
Veneto	200	21
Emilia e Romagna . .	100	10
Toscana	175	45
Marche	40	1.5
Umbria	18	0.1
Lazio	259	34
Abruzzi e Molise . .	19	1.6
Campania	175	51
Puglie	80	4
Basilicata	1.8	0.3
Calabria	40	1.7
Sicilia	213	19
Sardegna	27	1.2

La piccola Liguria presenta da sola una cifra di sconti superiore a quella di tutto il Mezzogiorno, avendo una popolazione minore di quella della provincia di Napoli.

Ora, per strana ironia, accade che la provincia di Potenza paga più *tasse* sugli affari di Udine, quando Udine ha 33 milioni di sconti e Potenza 2 ; e Avellino, che non ha che poco oltre 5 milioni di sconti, ne paga più di Verona che ne ha 25!

XII.

La responsabilità dell'indirizzo politico.

La distribuzione dei deputati è fatta secondo il criterio della popolazione: spesso però nel Sud i Collegi sono più popolosi.

Ma i senatori sono di nomina regia ed esprimono meglio l'indirizzo generale dello Stato. Inoltre, poichè gran parte dei senatori è scelta tra gli alti funzionari dello Stato, il prevalere di alcune regioni indica anche la loro prevalenza nell'esercito e nella burocrazia.

Ora, dalla 1ª legislatura, 8 maggio 1848, al termine della 19ª, 2 marzo 1897, sono stati, non compresi i principi della famiglia reale, nominati 1125 senatori.

10 — F. S. NITTI.

Senatori

	nominati	in carica al 2 marzo 1897
Piemonte	232	55
Liguria	71	27
Lombardia	151	53
Veneto	57	23
Emilia e Romagna . .	80	25
Toscana	87	29
Marche	22	8
Umbria	13	4
Lazio	28	15
Abruzzi e Molise . . .	29	7
Campania	104	41
Puglie	21	9
Basilicata	10	6
Calabria	42	17
Sicilia	114	43
Sardegna	19	3
Regno	1080	365
Nizza	7	2
Savoia	19	4
Altri paesi fuori Stato .	19	9
Totale generale	1125	380

Questo elenco è ufficiale.

Ora a esso vanno aggiunti altri 36 senatori nominati il 30 giugno 1899 e tolti 72 morti fino a quel tempo, ma che non spostano la distribuzione regionale.

I senatori del Piemonte e della Liguria sono accresciuti dal fatto che figurano tra essi quelli nominati tra il 1848 e il 1860. Ma anche nel 1897 avevano da soli più senatori di tutto il Mezzogiorno continentale! E la piccola Liguria ne avea ancora assai più che le Calabrie e la Basilicata unite assieme!

E così per i ministri.

Dal primo Ministero nazionale di Cavour alla fine del 1900, si sono succeduti nei varii ministeri uno o più volte 174 uomini politici ripartiti così:

Italia settentrionale (Piemonte 47, Liguria 14, ecc.) . .		85
" centrale		31
" meridionale		41
" insulare		17
	Totale	174

La Liguria e il Piemonte, proporzionalmente alla loro popolazione, hanno dato il maggior numero di ministri. Il Veneto e il Lazio essendo entrati nel nuovo Regno più tardi, questa circostanza va però tenuta presente.

La burocrazia nei più alti gradi era quasi esclusivamente composta di elementi settentrionali fin verso il 1880; anche ora è notevole la prevalenza di essi.

La situazione tra il 1899 e il 1900 era questa: mentre l'Italia settentrionale rappresenta appena 36,8 di tutta la popolazione del regno, ha 52,8 per cento di tutti gl'impiegati superiori: l'antico regno delle Due Sicilie, rappresentando una massa di popolazione superiore, cioè 37,9, ha appena 19,7 per cento dell'amministrazione centrale superiore.

Si parla della invadenza dei meridionali come di un fatto pericoloso: tolta invece la piccola zona della Campania, si può dire che tutto il resto del Mezzogiorno nell'amministrazione dello Stato quasi non esista.

La politica, buona o cattiva che sia, è affidata, per quanto riguarda il personale superiore, quasi interamente ai settentrionali, che rappresentano 58,2 per cento.

I 75 prefetti e reggenti prefetture erano nel tempo da noi studiato 39 dell'Italia settentrionale e 18 dell'Italia meridionale e della Sicilia: 15 del Mezzogiorno continentale e 3 della Sicilia.

La piccola Liguria e la Lombardia dànno 10 prefetti la prima e 9 la seconda; il Piemonte ne dà 13, il Veneto 7.

Se il Mezzogiorno continentale, tenuto conto degli abitanti, avesse dato tanti prefetti quanti ne ha dati il Piemonte, ne avrebbe 32 e ne avrebbe 83 in proporzione della Liguria. I limiti degli organici non sarebbero nemmeno sufficienti a contenerli.

Nella diplomazia e nella carriera consolare superiore il Mezzogiorno è appena rappresentato.

Più grave ancora quanto è accaduto per l'esercito.

Dei 149 generali, di cui abbiamo indicato la regione natale, 114 erano dell'Italia settentrionale; 69 del Piemonte, 5 della Liguria, 34 della Lombardia (che odia il militarismo), ecc. Tutta l'Italia meridionale e la Sicilia non ne dànno che 11.

Tenendo anche conto del personale superiore del Ministero della guerra e della marina e degli ufficiali ammiragli, l'Italia settentrionale, che dice di combattere il militarismo, rappresenta 63,9 di tutto il personale indicato. l'Italia meridionale e la Sicilia, che hanno popolazione superiore, appena 13,15.

Se, data la sua popolazione, l'Italia meridionale continentale avesse tanti generali quanti ne ha l'Italia settentrionale, ne avrebbe 82 invece di 10; ne avrebbe 69 in proporzione della Lombardia, 42 in proporzione della Liguria, 171 in proporzione del Piemonte.

L'amministrazione finanziaria a sua volta è prevalentemente, per 49,8 per cento del totale, affidata a funzionari dell'Italia settentrionale; 22 per cento rappresentano invece gli abitanti dell'antico regno delle Due Sicilie.

I ministeri di agricoltura, delle poste, dei lavori, della giustizia e della istruzione si dicevano pieni di meridionali; ma il personale superiore è composto invece non diversamente degli altri.

In tutta l'amministrazione dello Stato, mentre la popolazione dell'antico regno delle Due Sicilie è superiore a quella dell'Italia settentrionale, quest'ultima ha 52,8 per cento di tutti i funzionari superiori e l'Italia del Sud e la Sicilia appena 19,7.

Nelle 69 province del regno, a capo dei servizi amministrativi sono i prefetti, che hanno appunto funzioni amministrative e politiche; a capo dell'amministrazione finanziaria sono gl'intendenti di finanza. A capo dei servizi militari sono i generali dell'esercito, di cui appunto il grandissimo numero risiede nelle province.

Di questa amministrazione, diremo così provinciale, e che concentra i poteri maggiori, fanno parte 293 funzionari, di cui 189, cioè oltre due terzi, sono nati nel Nord d'Italia, che rappresenta appena 36,8 della popolazione, mentre dell'Italia meridionale e della Sicilia non ve ne sono che 43, poco più del settimo, mentre la proporzione della popolazione è 37,9.

REGIONI	Prefetti e reggenti prefetture	Ufficiali generali del r. esercito	Intendenti di finanza	Totale
Piemonte	13	69	15	97
Liguria	10	5	2	17
Lombardia	9	34	10	53
Veneto	7	6	9	22
Emilia e Romagna	6	10	8	24
Toscana	3	6	7	16
Marche	2	2	3	7
Umbria	3	—	—	3
Lazio	2	—	—	2
Abruzzi e Molise	1	1	—	2
Campania	9	8	8	25
Basilicata	1	1	—	2
Puglia	1	—	—	1
Calabria	3	—	—	3
Sicilia	3	1	6	10
Sardegna	2	6	1	9
	75	149	69	293

Così dunque la leggenda, secondo cui i meridionali avrebbero una preponderanza nelle pubbliche amministrazioni, non ha nessuna base di realtà.

Fra il 1860 e il 1870 vi erano Ministeri interi che quasi non avevano un solo meridionale; dopo le proporzioni si sono modificate, ma come ogni cosa, i meridionali sono rimasti sempre in una situazione di notevole inferiorità.

E non è perchè non abbiano tendenza a diventare impiegati. Da qualche anno anzi, nei concorsi ne mostrano anche troppa, ma è perchè l'insieme degli ordinamenti non rende facili ad alcune regioni, nè meno le ascensioni della burocrazia.

I meridionali hanno senza dubbio molti torti nella politica, ma anche questi torti non è bene esagerare. Quando i ministri, i senatori, gli alti funzionari dello Stato sono stati presi in proporzione di gran lunga maggiore nel Nord, si può proprio dire che le responsabilità dei loro atti spettino al Sud?

DISCORSO QUINTO

L'avvenire economico dell'Italia.

Le vie della resurrezione.

DISCORSO QUINTO

L'avvenire economico dell'Italia.
Le vie della resurrezione.

Vi sono paesi che nella via della civiltà e della ricchezza salgono e paesi che discendono. La stabilità non è consentita agli uomini, e l'ideale statico, che sorrise a J. S. Mill, è assai difficile che possa realizzarsi mai.

Bisogna dunque salire più in alto, o discendere più in basso. Ma ogni conquista nuova, ogni grande progresso umano non si compiono se non con il sacrifizio di milioni di esseri: e anche questa lotta per la nostra redenzione economica non sarà combattuta senza dolori e senza vittime.

Dopo quanto è stato detto finora, molte illusioni essendo cadute, sarà forse nell'animo di chi ci ha seguìto penetrato un senso di sconforto. L'Italia dunque decade? è essa nel novero di quei paesi che lord Salisbury annoverava fra le *decaying nations?*

Quanto si è detto finora può infatti autorizzare ipotesi pessimiste, se non si tenga conto di alcuni elementi, che pure hanno grandissimo valore.

I nostri padri si sono educati su Gioberti. Le idee di quel libro di fede e di passione che è il *Primato morale e civile degli italiani* sono più o meno in noi tutti. Forse il vecchio libro non è più letto, e i tre volumi attendono invano di rivedere il sole, e rimangono negli scaffali polverosi delle biblioteche. Ma lo spirito dell'opera giobertiana si è diffuso.

L'Italia è stata nazione principe, dicea Gioberti: è stata principe negli ordini universali della scienza, principe nelle scienze filosofiche, principe nelle scienze calcolatrici, principe nelle scienze civili, principe nella molteplice erudizione della storia, principe nelle arti belle e nelle lettere amene, principe nella favella.

Ancora adesso continuiamo a insegnar nelle scuole che noi discendiamo dai romani e che siamo stati i primi in ogni cosa!

Ma Gioberti aveva insegnato anche ai nostri padri che nessun'altra nazione può essere principe; non la Francia, poichè il suo genio nazionale è incompleto; non la Germania, poichè etnicamente è inferiore ai latini e la sua storia n'è prova; meno ancora l'Inghilterra. L'Italia, aveva dimostrato Gioberti, è la nazione più universale, anzi la nazione *sovrannaturale:* essa è la sintesi e lo specchio d'Europa.

I nostri padri che credevano a questo primato hanno lottato e sofferto e hanno fatto l'Italia.

Ma poichè ora non siamo in alcuna cosa i primi; poichè siamo poveri; poichè siamo scontenti, si è andata insinuando un'idea interamente opposta. Noi parliamo della *decadenza delle razze latine* e ci suggestioniamo in questo pensiero di decadenza, che assume le forme di una fatalità.

Ora vi sono frasi che uccidono come la povertà: altre che uccidono più ancora di essa. Il successo e l'insuccesso, nella vita degli uomini, come in quella delle nazioni, dipendono sopra tutto dalla fiducia in sè stessi.

Vi sono uomini che hanno intelligenza e dottrina e ricchezza, e pure, avvicinandoli, noi sentiamo che non sono nulla. Ve ne sono altri cui qualcuna di queste cose manca e che s'impongono subito; noi sentiamo vicino ad essi il contatto di una volontà.

Non vi è nulla di peggio che non credere in sè stessi; l'aristocrazia povera e rassegnata, se non vive che del suo passato, è sopraffatta.

Ora bisogna prima di tutto affermare che questa frase banale e crudele: *decadenza latina,* non risponde a una necessità etnica, e nemmeno a una situazione storica inevitabile.

L'etnografia è una scienza giovine e per ciò appunto orgogliosa. Ma quante stravaganze si son dette in suo nome!

Qualche anno fa a Parigi un notissimo e valentissimo cultore di etnografia osservando alla Salpetrière alcuni cranii che si dicevano appartenere ai morti degli eserciti confederati contro la Francia nel 1814, trovò che appartenevano a individui finnici, baschi, calmucchi, celti, ecc. Più tardi solo si venne a sapere che quegli scheletri appartenevano a donne francesi morte di colera nel 1832 (1).

Anche adesso vi è chi mette in raffronto l'*homo europaeus,* l'*homo alpinus,* l'*homo asiaticus,* ecc., e ne tira conseguenze applicabili alla storia dell'umanità.

Leggendo con grande pazienza tutto ciò che si è scritto intorno al clima e alle razze nei loro rapporti con il progresso di ciascuna società, si sente subito come la lettura riesca poco vantaggiosa. E pur troppo si può dire che gli argomenti ora in uso non hanno il pregio di alcuna novità; sono perfettamente identici a quelli che s'invocavano duemila anni fa e ancora assai prima!

Aristotile trovava che i popoli che abitano i climi freddi sono in generale più coraggiosi, ma inferiori in intelligenza e in industria; perciò essi conservano la loro libertà, ma non conquistano i loro vicini. Trovava invece che i popoli dei paesi caldi in Asia hanno intelligenza e attitudine alle arti; ma mancano di coraggio e sono in ischiavitù con-

---

(1) A. FOUILLÉ, *Psychologie du peuple français,* cap. II.

tinua. La razza greca soltanto, che *topograficamente* è intermedia, riunisce le qualità delle due altre (1).

Coloro che esagerano ora le influenze del clima e della razza hanno detto niente che sia nuovo? Anzi gli argomenti di moda, la prevalenza di tipi dolicocefali o brachicefali, la maggiore o minore sensualità, ecc., si può ammettere facilmente che non abbiano nemmeno il merito di riescire interessanti.

Leggendo tutto ciò che si scrive, vien fatto di ricordare la ironia con cui Voltaire (2) si rideva dei ragionamenti di Montesquieu sulla importanza del clima: non sapeva spiegarsi la ragione perchè, mentre il clima di Roma non era cambiato dopo Romolo e Remo, tutto il resto era cambiato: *y'a-t-il rien de plus bizarre que de voir aujourd'hui des zocolanti, des récollets, dans ce même Capitole où Paul-Emile triomphait de Persée, et où Cicéron fit entendre sa voix?*

Razze che si sono conservate identiche sotto lo stesso clima hanno avuto, dopo la grandezza, la decadenza; o da un passato senza storia sono salite ai primi gradi della civiltà.

Queste previsioni frettolose, queste anticipate fiducie o queste anticipate sfiducie, non hanno nulla che fare con la scienza.

Ciò che è vero è che, allo stato attuale della conoscenza, l'antropologia non può fare che alcune constatazioni, ed è ben lontana dal poter dare una spiegazione dei fatti sociali. I fenomeni sociali sono una complessità grande, e tutte le spiegazioni paradossali che si danno di essi, se esercitano in un certo tempo fascino, finiscono con l'essere prima o dopo

---

(1) ARISTOTELE, *Polit.*, IV, 6. Anche Platone ammetteva che « noi non dobbiamo dimenticare in rapporto ai paesi, che i luoghi, differendo gli uni dagli altri, non rendono punto gli uomini migliori o peggiori. La legislazione non deve essere contraria a queste differenze ». E notava quale importanza abbiano i venti, il calore, l'acqua, il nutrimento. *De leg.*, V, in fine.

(2) *Commentaire sur l'esprit des lois.*

ritenute manchevoli. Non sapremmo dire se la concezione materialistica della storia di Marx sia già più o meno assurda delle concezioni naturalistiche e spiritualistiche che l'hanno preceduta; certo fra qualche anno si parlerà di essa come si parla ora delle concezioni di Montesquieu, di Buckle e di Hegel. I fatti sociali sono in rapporti di mutua dipendenza; agiscono e reagiscono gli uni sugli altri, ma noi sappiamo ben poco dire in qual modo azioni e reazioni si producano (1).

Or niente è più dannoso che in nome di una falsa scienza stabilire cause di inferiorità che non esistono (quasi che le difficoltà attuali fossero poche) in un paese dove viceversa andrebbe sollevata sopra tutto la fiducia in sè stessi degli abitanti.

Nella *Introduzione alla scienza sociale*, Herbert Spencer ha fatto già da gran tempo notare che le concezioni di cui la scienza sociale si occupa sorpassano tutte le altre in complessità, ed è impossibile intenderle senza una corrispondente complessità della facoltà. Ha soggiunto anche che, sciaguratamente, sono le persone che più mancano delle qualità necessarie quelle che credono poter risolvere questioni le quali essi non intendono.

L'anatomia e la fisiologia, poichè vi sono moltissimi uomini e le osservazioni ripetute sono possibili, arriveranno forse a un grado culminante del loro sviluppo. Ma noi non conosciamo che una sola umanità, di cui le origini ci sono ignote, la infanzia mal nota. Se un solo uomo fosse esistito sulla terra, egli non avrebbe mai potuto conoscere la propria fisiologia e la propria anatomia. A noi mancano molti termini di confronto; e quelli di cui disponiamo sono spesso di una tale complessità che non sempre si riesce a penetrarne la natura.

Quindi tutte queste spiegazioni frettolose di fatti sociali, queste previsioni dell'avvenire, in base alla osservazione di

---

(1) Cfr. PARETO, op. cit., vol. II, pag. 6 e seg.

pochi cranii, o peggio ancora, di un piccolo numero di avvenimenti, devono essere considerati più da un punto di vista letterario, che da un punto di vista scientifico.

Il clima e le razze in Olanda non sono mutate; pure l'Olanda non è più quella che era tre secoli fa. E così, mentre in Grecia molti tipi antichi si sono conservati, e il clima non è variato, la Grecia odierna rappresenta in Europa un piccolo gruppo, che è ben lungi dall'avere alcuna importanza sul cammino della civiltà. L'Inghilterra cinque secoli fa era chiusa nelle sue nebbie, e nessuno avrebbe mai preveduto ch'essa sarebbe stata ciò che è ora; e chi sa che cosa sarà domani? L'orizzonte è pieno di punti neri, e la sua immensa grandezza non è priva di pericoli. Fra il 1838 e il 1845 l'Inghilterra che aveva le sue tragiche rivolte della fame, i suoi *bread riots*, era ben lontana dalla prosperità attuale; e chi può dire che un grande sforzo collettivo possa fare dell'Italia un grande paese industriale, e che noi non troveremo nuove vie di grandezza e di prosperità?

La verità è che la locuzione *razze latine* non risponde a nessuna situazione etnica. I popoli di lingua latina sono diversissimi; la Francia ha un fondo di popolazione germanica e celtica. In Italia tutte le razze europee si può dire si siano incontrate e fuse. E tale è la differenza che si è venuta a stabilire, che vi sono gruppi etnici della Germania più affini a gruppi etnici dell'Italia, che non sia la massa della popolazione spagnuola.

In tutto il resto non sono che affermazioni vaghe di letterati, anzi di romanzieri decadenti.

Ma poichè il successo dipende sopratutto da uno stato d'anima, non vi è nulla di più malefico di questa illusione pessimista.

È follia parlare di primati in un mondo che si trasforma, e dove migliaia di energie nuove si dischiudono ogni giorno, e par che quasi nessuna attività sia sufficiente al desiderio di conoscenza e di ricchezza.

Ma è del pari folle, ed è anche più malefico, fare che in

base a poche nozioni male apprese, un paese sia suggestionato dall'idea della propria decadenza.

Noi abbiamo detto finora: l'Italia è *naturalmente* ricca, e solo l'attività degli individui è scarsa e l'opera dei governi cattiva. Donde è venuta a noi una illusione pessimista e anarchica, una sfiducia in noi stessi e nel nostro avvenire.

Bisogna dire invece: l'Italia è *naturalmente* povera; e se poca attività di uomini e corruzione e ignoranza di governi hanno assai volte ostacolato lo sviluppo, gli ostacoli, per abbondanza di popolo, per scarsezza di risorse, sono maggiori che altrove.

Allora osservando l'opera compiuta in quarant'anni di unità, i progressi che abbiamo realizzato, le difficoltà che abbiamo superato, guarderemo più arditamente in faccia all'avvenire.

Senza dubbio noi siamo ancora tra i grandi paesi d'Europa quello in cui la ricchezza è minore. Il numero degli analfabeti è sempre grandissimo; la mortalità è elevata; la delinquenza è alta; la media dei consumi scarsa; gli scambi internazionali ancora deboli.

Dobbiamo riconoscere il male se vogliamo affrontare l'avvenire con coraggio e con fede, dobbiamo guardarlo in faccia, anzi negli occhi, come suggeriva Fichte ai tedeschi.

Ora la verità è che cinquant'anni or sono l'Italia era ben poca cosa, e che ora ha nel mondo una situazione che da due secoli non aveva. Tranne la Germania, l'Ungheria e gli Stati scandinavi, *relativamente* nessun paese d'Europa ha progredito dopo il 1860 quanto l'Italia.

Noi ingrandiamo il passato e non vediamo con serenità il presente; e viene a noi uno stato d'anima di dolorosa incertezza e di debole operosità.

In realtà non esiste alcuna ragione di sconforto; anzi molti segni di trasformazione sono apparsi sull'orizzonte.

La maggior causa di disquilibrio è ancora in due cause:

la popolazione e le sue abitudini di vita hanno avuto una espansione che non è in rapporto colla ricchezza; la pubblica finanza, assorbendo gran parte dei capitali disponibili, ha ostacolato tutti i progressi industriali che il paese avrebbe potuti compiere. L'azione della pubblica finanza, inoltre, mentre ha più depresso alcune regioni, ha giovato solo allo sviluppo di altre.

Traverso difficoltà infinite, che dipendevano e dipendono da cause assai diverse e non sempre facili a rimuovere, l'Italia ha realizzato progressi veramente grandi; poichè spesso si è dovuto costruire *ex nihilo*, peggio ancora che su nulla si è dovuto costruire in condizioni avverse.

L'illusione che l'Italia abbia grandi risorse *naturali* e che basti muoversi e agitarsi per vedere la ricchezza aumentare, ci ha fatto spendere più di quanto era consentito, ci ha fatto fare una politica più fastosa di ciò che noi dovevamo e potevamo.

Pure, traverso l'errore, un gran cammino si è fatto. Non ostante che la popolazione sia cresciuta in tal guisa che la densità, che era nel 1861 di 87,21, si è elevata nel 1898 a 110,48, sono ora fuori d'Italia tre milioni e mezzo d'italiani sparsi un po' dovunque, ma sopratutto nelle Americhe lontane. Non avevamo nulla e abbiamo costruito, non possedendo nè ferro, nè carbone, 15 mila chilometri di ferrovia, in condizioni difficili, anzi nelle condizioni più difficili di Europa.

La scuola non ha ancora un indirizzo confaciente allo sviluppo della nostra civiltà; ma 50 mila scuole elementari e 1000 scuole secondarie sono sorte in un paese in cui il popolo era a un livello intellettuale bassissimo.

Il movimento industriale, il movimento degli scambi, le mutate condizioni della produzione interna, indicano che vi è un risveglio gagliardo di tutte le fibre della nazione; risveglio che non deve far risorgere illusioni dannose, e nè meno autorizzare speculazioni infami come tra il 1880 e il 1890, ma che pure esiste ed è evidente.

Intellettualmente l'Italia ha progredito assai. Essa anzi, da questo punto di vista, è ora assai più che non sia mai stata dopo Galileo. Basta prendere un giornale di ora e un giornale di trent'anni fa, per vedere quanto la media della cultura si sia elevata, e anche — non ostante tutte le apparenze in contrario — quanto la morale pubblica si sia rialzata.

Senza dubbio la classe dei politicanti è ancora nella più gran parte avida e ignorante. Ma noi erriamo quando guardiamo solo ad essa. Nei gabinetti scientifici, dove il lavoro ferve, tutta una gioventù operosa piega la mente alla ricerca. In molte scienze oramai l'Italia ha un posto d'onore; in quasi tutte ha progredito assai. Solo nelle scienze filosofiche, forse, siamo meno di prima; ma poichè troppa tendenza avevamo a filosofare e poco ad operare, non vi è alcuna ragione di tristezza.

Gli attestati di privativa industriale dati a inventori nazionali, che nel 1861 erano 118, 283 nel 1871, 644 nel 1891, sono saliti a 1123 nel 1899. Ma più che la quantità di essi, è notevole la trasformazione avvenuta nella natura dei brevetti; si trattava da prima nella più gran parte di invenzioni più o meno fantastiche, e ora si tratta nel più gran numero di vere modificazioni industriali.

L'Italia, dunque, non è una *decaying nation*; essa presenta anzi tutti i sintomi di risveglio. E si può dire che costituisca una grande eccezione storica; poichè nella storia della civiltà quasi non è esempio di una vera resurrezione, dopo servitù e decadenza di secoli. La Grecia e la Spagna non han saputo risorgere.

Ma ciò non toglie che l'Italia sia un paese *naturalmente* povero: un paese che non ha carbone, che non ha ferro; un paese dove la terra sopporta un numero d'uomini assolutamente sproporzionato alle sue risorse.

La terra infatti discaccia.

La nostra Direzione generale di statistica chiama emigrazione *permanente* quella che va al di là dell'Oceano; *temporanea* l'altra, che si dirige d'ordinario ai paesi limitrofi.

Ora l'emigrazione *permanente*, che era di 15,027 nel 1871, è passata nel 1897 a 165,429, raggiungendo un massimo di 195,993 nel 1888; l'emigrazione *temporanea* ch'era di 96,384 nel 1871, è passata a 134,426 nel 1897.

L'emigrazione è stata da principio considerata come un grande flagello; ostacolata, impedita in qualche caso con provvedimenti ingiusti e illogici. Gli uomini politici, per molti anni, non ne hanno compreso l'ampiezza. Così si è proceduto a caso senza una meta: solo un istinto ha guidato il popolo come gli uccelli migratori.

Ma gli italiani all'estero, che erano poco oltre un milione nel 1871, e poco meno di due nel 1881, sono ora all'incirca tre milioni e mezzo, secondo valutazioni approssimative.

Non abbiamo dato, non potevano dare una emigrazione *select*. I nostri contadini erano (si può dire che spesso non sieno?) ignoranti, grossolani, incapaci di adattarsi a lavori perfezionati. Spesso sono stati trattati come i cinesi, qualche volta peggio. I mestieri pericolosi, o insalubri, o penosi sono stati affidati assai sovente ad italiani. Nelle vetrerie francesi ancora adesso una schiera di giovani esistenze italiane compie lavori cui uomini liberi di altre nazioni non si prestano. Abbiamo dato troppi suonatori ambulanti, troppi mendicanti, troppe *ciocie*; troppa miseria e troppa ignoranza insomma. A New York il quartiere cinese e il quartiere italiano sono vicini; nè questo è più tranquillo e più ricco sempre.

Pure l'emigrazione, assorbendo una popolazione eccessiva che la terra italiana non poteva nutrire e le industrie non poteano contenere, mentre ci ha salvato da quelle rivolte della fame, che altrimenti sarebbero state inevitabili, ci ha dischiuso l'avvenire.

Senza dubbio, dato il costo di produzione dell'uomo, che nei paesi moderni è generalmente elevato, si dà spesso ai paesi stranieri, insieme a una grande massa di uomini giovani, a energie nuove, una notevole massa di ricchezze. Ma bisogna pensare che la emigrazione apre nuovi mercati, dischiude nuove vie, e che la emigrazione degli uomini è quasi sempre il grande segno precursore di un grande risveglio industriale.

L'Italia, in generale, compera all'estero più che non venda, ed è debitrice di non pochi capitali; ora per molti anni la differenza è stata saldata dalle spese degli stranieri e sopratutto dal risparmio degli emigrati, spedito in patria in gran copia.

L'emigrazione *temporanea* si dirige sopra tutto in Svizzera, in Francia, in Germania, in Austria, cioè in nazioni generalmente più ricche e più progredite che non sia l'Italia. Ora in un paese ove le classi medie non viaggiano, queste centomila borse di studio date, ogni anno, quasi in forma coattiva, agli operai dalla loro stessa povertà, hanno avuto un effetto grandissimo, e lo sviluppo morale e l'insofferenza politica del Nord d'Italia si devono sopra tutto a questo fatto.

Il contadino il quale è stato in Svizzera, l'operaio che è stato in Germania, veggono che v'è un'altra vita; una più grande libertà in un maggior ordine; una più grande insofferenza dell'abuso; veggono sopra tutto che la vita costa meno e che il popolo sta meglio. Molti operai si perfezionano nelle industrie, ma sopratutto si perfezionano nelle anime. E se molti si pervertono e diventano elementi torbidi, ogni anno ritorna in patria una massa di persone desiderose di star meglio e che sono come un lievito di trasformazione.

D'altra parte l'emigrazione *permanente* è come un immenso fiume umano che si dirige sopra tutto negli Stati Uniti, nell'Argentina, nel Brasile.

Negli Stati Uniti la prova si può dire fallita. Gli italiani devono lottare con i popoli più forti d'Europa: con britanni, con scandinavi, con germani più colti, più preparati, sopra tutto più adatti per abitudini e per linguaggio. Molti nuclei buoni si sono però costituiti, di fronte a moltissimi cattivi, alla *undesiderable immigration*, come dicono gli americani. Ma l'avvenire non sarà nostro.

L'avvenire d'Italia è invece grandissimo nel Sud America, dove il clima, la lingua, le abitudini permettono maggiormente la vittoria; dove gl'italiani hanno iniziato nell'Argentina e tentano nel Brasile opera immane. È lì che *dovrà sorgere la nuova e più grande Italia*; è il Sud America che sarà il più grande mercato italiano.

L'Argentina, grande quasi dieci volte l'Italia, messa in zona temperata, con grandi fiumi navigabili, non ha che poco oltre 4 milioni di abitanti. Almeno un milione e mezzo sono italiani, di nascita o di lingua, o sono figliuoli d'italiani; mentre tutte le altre nazionalità non si sono affermate e non si affermano in concorrenza dell'Italia. È lontano il tempo in cui saranno metà della popolazione? Certo hanno già istituti poderosi e proprietà grandissime; alcuni di essi hanno situazioni di prim'ordine; altri sono nella prosperità.

Il Brasile, grande quanto tutta l'Europa tranne la Russia, non pare adatto nella più gran parte alle popolazioni nordiche; ha 14 milioni di abitanti appena, in gran parte meticci, razze veramente inferiori. Gl'italiani non si sono affermati ancora come nell'Argentina; ma la penetrazione è cominciata largamente. Fra cinquant'anni, se noi sapremo e vorremo, i popoli di lingua italiana saranno sparsi dovunque nel mondo, in stati potenti. E noi potremo parlare di noi stessi con un fremito di orgoglio.

Ora le genti che noi mandiamo in tutto il mondo, gli uomini che la povertà discaccia, sono i nostri agenti. Essi creano i centri di *vita italiana*, parlano la lingua nostra, hanno i bisogni nostri; essi creano commerci nuovi e danno aire alle industrie nostre. Essi sopra tutto sono il commercio e il traffico nuovo dischiusi all'Italia.

Ma per trafficare e per commerciare occorre produrre. Ora l'Italia, che è povera, che ha troppi uomini e poche risorse, produrrà un giorno in condizioni favorevoli? potrà uscire dalle sue tristezze presenti? diventerà un grande paese industriale?

Senza dubbio potrà: se l'anima nostra non verrà meno; se sapremo essere nello stesso tempo audaci e modesti, pieni di fede nell'avvenire, ma convinti di tutte le difficoltà e le miserie del presente.

L'Italia non può essere un paese esclusivamente agricolo e marinaresco, come si ripete da troppo tempo. Non è la distesa delle coste che dà la ricchezza e la potenza della navigazione; e non è la mitezza della temperatura che dà la ricchezza agricola. Ben altre cose occorrono. *Data la sua densità, l'Italia è costretta a trasformarsi in paese industriale e commerciale.*

L'agricoltura italiana si dibatte in una situazione penosa.

Non è che la più gran parte delle terre non possa dare un rendimento assai maggiore di ciò che non dia ora; ma è che questo maggior rendimento non può essere opera se non di più larghi investimenti di capitali e di culture che abbiano carattere più industriale. Ora l'Italia essendo per le ragioni dette fra i più grandi paesi d'Europa il più popolato di uomini, e disponendo di scarso territorio, è costretta a lottare con paesi nuovi, che utilizzano la fertilità naturale del suolo. Si può ritenere che le ipotesi pessimiste siano esagerate e che nella più gran parte dei casi i capitali che s'investiranno nella terra possano anche dare prodotti proporzionalmente crescenti e non decrescenti. E che cosa aggiunge tutto ciò? Noi con territori assai angusti e con capitali acquistati a prezzo alto dobbiamo lottare con paesi nuovi, che nella più gran parte dei casi non hanno bisogno di intensificare la produzione, e che non fanno se non sfruttare le energie naturali.

Ora l'agricoltura della vecchia Europa ha sentito il bisogno della protezione doganale, necessaria non solo alla sua difesa, ma alla sua esistenza; e l'Inghilterra avendo spinta la produzione delle sue terre a un limite assai elevato, e disponendo di capitali che gli altri paesi sono ben lungi dal possedere, ha visto la sua agricoltura fiaccarsi dinanzi alla concorrenza dei paesi nuovi (1). L'Italia oltre che in poche

_____

(1) Senza entrar qui nella questione del protezionismo agrario, e se esso risponda veramente a una grande necessità dei popoli moderni, e se tutta la legislazione doganale dei paesi di Europa indichi o non una tendenza *generale* a regolare nel modo più conveniente gli scambi

grandi culture specializzate, non può sperare di essere un paese prevalentemente agricolo, esportatore di prodotti agrari. Non esiste nella storia della civiltà un paese agricolo con 110 abitanti per chilometro quadrato; e nè meno è concepibile con popolazione assai inferiore. Come potrebbe esser l'Italia?

L'Italia dunque, pur dovendo intensificare la sua produzione agricola, è costretta per il numero e la composizione stessa della sua popolazione, a trasformarsi in paese industriale.

Ora l'industria è stata fatta finora di ferro e nutrita di carbone; e l'Italia che non produce nè l'una cosa, nè l'altra, messa fuori dai grandi traffici, è stata sopraffatta da altri paesi. Da quindici anni a questa parte soltanto si può dire ch'essa sia entrata nel novero dei paesi industriali; e i primi passi sono stati incerti e l'incominciamento è stato biasimato come un errore.

Noi ammiriamo la trasformazione rapida della Germania; ma non è da negare che la Germania ha impiegato uno sforzo tenue per trasformarsi, e che l'Italia invece dovrà farne uno grandissimo. Con grande territorio, messa al centro degli scambi, avendo dalla natura masse enormi di carbone e di ferro, possedendo foreste immani, la Germania ha potuto utilizzare risorse incalcolabili, e le forme attuali della produzione l'hanno trovata meravigliosamente disposta.

Invece l'Italia è in condizioni naturali siffatte che se le basi della produzione dovessero rimanere immutate, essa non potrebbe aspirare che ad essere un paese di secondo ordine.

Però non solo nuove forme di commercio e nuove vie si dischiudono, ma le basi stesse della produzione mutano.

Alcuni grandi fatti che si delineano sull'orizzonte e sono precursori di vita migliore e di giorni più secuni:

con la produzione, è sempre notevole il fatto che *tutti i paesi di Europa*, tranne i più nuovi fra essi e i meno densi, non possono resistere alla concorrenza agraria dei nuovi continenti. Cfr. a questo proposito i notevoli studi del COLAJANNI.

a) il dominio del carbone acquista una importanza sempre minore e la produzione della energia non è oramai tratta quasi esclusivamente dai combustibili fossili: l'elettricità avrà una importanza crescente;

b) il dominio del ferro non è più assoluto; oramai metalli prodotti artificialmente lo sostituiscono in molti usi;

c) la malaria, che costituisce la grande causa di inferiorità agricola e che distribuisce la popolazione in forme assai spesso dannosissime, a causa delle nuove ricerche si dimostra vincibile;

d) il traffico internazionale, che lasciava fuori delle sue più grandi correnti l'Italia, tende di nuovo a spostarsi e il Mediterraneo riacquista la importanza che parea dovesse perdere.

Il dominio del carbone, che è la vera causa d'inferiorità, comincia per cause molteplici a tramontare. L'egemonia inglese sul mondo è infatti in continua discesa.

Il carbone è stato fino adesso l'alimento quasi esclusivo delle macchine. Ma da venti anni una forza nuova ha sbalordito il mondo con le sue applicazioni: e pure i miracoli della elettrotecnica si può dire che siano appena incominciati! Le meraviglie di un mondo sotterraneo ogni giorno sono sostituite dalle meraviglie di una forza di cui noi ignoriamo la natura, ma che ha avuto già applicazioni straordinarie.

L'anima presaga del popolo italiano sentiva forse in questa forza nuova il dischiudersi di un nuovo avvenire: e la cercava con ammirabile persistenza. In questo paese, ove un secolo fa Volta trovava la pila elettrica, sono sorti anche i due più grandi trasformatori della elettrotecnica: Pacinotti, ancor vivo all'ammirazione del mondo e Galileo Ferraris, morto ancor giovane, nel rigoglio della sua grandezza. A un secolo di distanza dalla scoperta di Volta, l'Italia ha dato la scoperta di Marconi, che utilizzando le ricerche di Herz ha dischiuso nuovi campi a tutta la elettrotecnica. L'*elettrotecnica* si può considerare come quel ramo di attività in cui l'Italia ha avuto veramente il suo più glorioso primato.

I paesi che finora hanno dato il carbone più abbondantemente, l'Inghilterra sopra tutto, vedono ora la loro superiorità declinare. Quanto potran durare ancora le loro miniere? È assai difficile per l'Inghilterra ogni previsione; ma le ricerche di sir W. Armstrong, l'opera di Stanley Jevons, i lavori delle Commissioni parlamentari inglesi del 1866 e del 1873, le ipotesi di Price Williams, di Courtney, di Green, e le più recenti di E. Lozé ci mettono in grado di fare previsioni che non si discosteranno eccessivamente dalla realtà (1). Ammesso che l'estrazione del carbone dovrà cessare quando non sarà più conveniente, perchè riescirà troppo costosa, tenuta presente la facilità di estrazione e la ricchezza carbonifera delle miniere inglesi, il movimento attuale della produzione, ecc., si può calcolare che fra mezzo secolo, fra 60 anni al più, le miniere inglesi saranno vicine all'esaurimento. Senza dubbio i paesi di America, di Africa, di Australia possiedono anche essi immense miniere; ma la loro lontananza aumentando notevolmente i prezzi dei trasporti, non potrà modificare sostanzialmente la nuova situazione che verrà a determinarsi in Europa.

Ora, come il prezzo del carbone tende a salire, i paesi che dovranno alimentare le loro industrie di carbone straniero avranno una permanente e crescente causa di inferiorità. L'Inghilterra da sola dà oramai quasi la quinta parte di tutta la importazione dell'Italia: oltre 250 milioni all'anno. La più gran parte di questa cifra è formata dall'introduzione di carbone e di metalli. Ora noi dobbiamo comperare 150 milioni di carbone e oltre 80 milioni di ferro; e pure la nostra industria è appena nella prima fase. Che cosa sarebbe domani quando noi dovessimo avere una espansione industriale quattro o cinque volte maggiore? È bastato che l'Inghilterra minacciasse un dazio di esportazione

---

(1) Cfr. su tutto ciò Lozé, op. cit.

sul carbone per impressionare i nostri mercati, che si trovano in realtà gravati di un nuovo onere. Che cosa accadrebbe in avvenire se noi che siamo in Europa il paese più denso di uomini, che abbiamo scarso territorio per essere produttori di materie prime, dovessimo comperare all'estero settecento od ottocento milioni di materie prime?

La piccola Svizzera compera già da sola assai più che 100 milioni di carbone e di ferro. Che cosa dovremmo comperare noi, che abbiamo popolazione dieci volte maggiore, per raggiungere la potenza industriale della Svizzera? E inoltre ciò che è consentito a quel piccolo paese, messo nel centro di tutti gli scambi, in situazione vantaggiosissima, non è consentito ad altri.

Fin che questa causa non sarà rimossa, l'Italia avrà una situazione di permanente inferiorità. Una tonnellata di carbone costando quasi in Italia il doppio che negli Stati Uniti e in Inghilterra, la concorrenza si presenterà sempre assai difficile. È vero che i nuovi progressi della meccanica permettono alle macchine di utilizzare in più larga misura il carbone con perdite minori; ma è vero pure che questo fatto riguarda tutti i paesi industriali, e che d'altra parte il prezzo del carbone sale quasi costantemente da parecchi anni.

Il problema dunque è ben altro: esso consiste nel *sostituire al vapore una nuova forza* : il carbone bianco al carbone nero, secondo la felice espressione di Bergés.

Può l'Italia tentare questa sostituzione?

Senza dubbio essa può !

La natura, che fece l'Italia poverissima di carbone, le diede grandi cadute di acqua; anzi da questo punto di vista ne fece uno dei paesi più favoriti. Le grandi miniere di carbone dovranno pure esaurirsi, o almeno la loro coltivazione diventerà sempre più costosa, ma dalle perpetue scaturigini delle montagne l'acqua continuerà a cadere sempre. Questo nuovo fatto nella storia dell'umanità non sposterà ancora una volta le basi della produzione? Non darà nuove energie all'Italia?

Questo nostro paese sembra anzi destinato a diventare, date le nuove forme, uno dei più grandi centri di produzione. E diventerà senza dubbio un giorno.

Quale è la forza che i fiumi italiani travolgono fra monti e il mare e che può essere appropriata dalla industria?

Qualche anno fa il Ministero dei lavori pubblici calcolava questa forza in 2,500,000 cavalli-vapore; l'on. Colombo ritiene che sia all'incirca di 3,000,000.

Ma calcoli recenti portano la valutazione di questa forza ancora più in alto; la relazione all'ufficio centrale del Senato per modificazioni e aggiunte alla legge sulle acque pubbliche del 1894, porta la valutazione a 5,000,000. E non mancano nè meno specialisti che valutano questa forza a cifra assai superiore; perfino, come il Raddi, a 10 milioni.

Or quando si pensi che solo i più grandi paesi industriali impiegano effettivamente 3 o 4 milioni di cavalli-vapore in tutte le loro industrie (compresi i trasporti), appare evidente come un nuovo avvenire si dischiuda al nostro paese. La introduzione del vapore fu per l'Italia causa d'inferiorità; questa nuova trasformazione, che si delinea sull'orizzonte, sarà invece causa di superiorità nuova e ci traccerà la via della resurrezione.

Se le acque sono eterne, noi disporremo sempre di una forza immane, quale poche nazioni di Europa avranno in avvenire a disposizione.

Senza dubbio la produzione di energia con impianti idroelettrici, se è meno costosa delle macchine termiche, non è a ritenere per questo che sia poco costosa. Si è giunti anzi spesso a dubitare se allo stato attuale della elettrotecnica convenga utilizzare le forze idrauliche.

Ora questo dubbio cade innanzi al fatto che il paese del mondo ove il carbone è più a buon mercato e i giacimenti carboniferi sono meno sfruttati, gli Stati Uniti di America, sostituiscono nella più larga misura l'elettricità al vapore e fanno ogni giorno grandissimi impianti idroelettrici.

Qualche anno fa, quando si potea ancora calcolare su un

prezzo del carbone di 35 lire, si riteneva da uno specialista che mentre il costo del cavallo-vapore carbone, per un lavoro annuo di 3300 ore, varia da 150 a 1450 lire; quello del cavallo idroelettrico varia da 140 a 850 lire (1). Or si tenga conto che, per quanto riguarda il cavallo idroelettrico, queste affermazioni si basano sulle concessioni fatte dalle attuali società che esercitano in generale in condizioni di monopolio.

Ma si può ritenere che nella più gran parte dei casi il *costo* del cavallo-vapore idraulico non possa superare di molto le 100 lire. Già non mancano impianti privati in cui grandi società vendono, pure operando in guisa da realizzare i maggiori benefizi, a 140 e a 150 lire il cavallo-vapore idroelettrico.

La sostituzione della energia elettrica s'imporrà dunque non solo come un benefizio economico, ma come una necessità stessa della produzione.

Se non che occorre in questa materia procedere non solo con ardimento, ma con vedute chiare e prospettive.

Noi perdiamo il tempo in vani disegni di riforme tributarie, più o meno impossibili, data la massa esile della produzione attuale e la necessità di far concorrere tutti in larga misura. Noi illudiamo e gli altri e noi stessi facendo credere che siano possibili grandi riforme. E così si perde l'avvenire e non si utilizza il presente.

Ora il problema più grande dell'Italia, non bisogna stancarsi mai di ripeterlo, è quello di produrre di più; e un gran passo in questa via non si può fare se non mutando le forme della produzione, sostituendo l'energia elettrica al carbone.

Però, il regime delle acque pubbliche non solo non è stato definitivamente regolato, ma si può dire che dai nostri politici non sia stata intesa tutta la importanza della muta-

---

(1) SALDINI nel *Politecnico* del 1897.

zione. Così le acque pubbliche sono concesse in forma più o meno disordinata, senza scopo, senza un programma, senza una mèta. Sono concessioni quasi sempre fatte malissimo, a scopi di accaparramento.

Un generale, di cui tristissima è l'opera, passando per il Ministero dei lavori pubblici, pensò, non si sa con quale serietà o fondamento, di lasciare inattive le nostre cadute di acqua, ideando una futura trasformazione nei sistemi di trazione delle ferrovie. Altri invece sostenne che si dovessero fare rapide concessioni e su larga scala. Due programmi che non hanno nessuna consistenza; e che se giovano ad alcuni interessi, non giovano certo all'economia della nazione.

Or bisogna che in questa materia si proceda in modo che tanta energia accumulata dalla natura non vada dispersa; e occorre sopratutto che la trasformazione avvenga nella forma più economica e più rapida possibile.

Una grande mutazione come quella che ora incomincia non può delinearsi bene se non avrà una forma rispondente alla sua natura. La produzione del carbone e la produzione dell'energia ideoelettrica vanno considerate diversamente. Ora la produzione del carbone è stata lasciata alle intraprese individuali: si trattava di scavare il minerale e di portarlo alla superficie e utilizzarlo nella industria; e l'attività individuale potea far meglio degli enti collettivi.

Ma ora le condizioni sono mutate.

Le acque pubbliche sono proprietà collettiva; non è possibile appropriarle per piccole quantità senza determinare perdite di energia; non si possono concedere a privati per lungo tempo nella previsione ch'esse dovranno avere in avvenire prossimo un valore straordinario. Occorre dunque per un fatto nuovo una forma nuova.

La soluzione del problema sta dunque in un fatto solo: *lo Stato*, dichiarandosi proprietario di tutte le acque pubbliche, sia che gli appartengano, sia che appartengano alle province e ai comuni, deve regolare la produzione e la distribuzione della energia idroelettrica nel modo più conveniente. Occorre, in altri termini, *nazionalizzare la produzione della energia idroelettrica*.

Lo Stato deve quindi fare direttamente la produzione, portare la forza elettrica nei centri industriali e venderla al prezzo di costo.

Tutto ciò può parere non solo pericoloso, ma aver l'aria di una profonda trasformazione collettivista.

Resa infatti collettiva la produzione della forza, si verrebbe a creare allo Stato una preeminenza estremamente pericolosa.

Ma qui occorre notare che questa ipotesi non è per nulla giustificabile. Lo Stato, le province e i comuni possiedono in Italia e hanno costruito oltre 100 mila chilometri di strade carreggiabili; queste strade sono proprietà *collettiva*. Ma è solo mediante esse che gli scambi *tra privati* si sono potuti compiere in più larga misura.

Ora se lo Stato producesse la forza al massimo buon mercato possibile e la vendesse al prezzo di costo, agirebbe come ha agito costruendo strade; non solo non socializzerebbe l'industria, ma le permetterebbe di seguire un processo inverso. È infatti notevole la trasformazione che si va compiendo.

L'introduzione del vapore nella industria ha determinato più di ogni altra causa le forme attuali di concentramento della grande industria. Possedere un motore a vapore significa in realtà possedere capitali più o meno notevoli e impiegare parecchi operai nella industria. Di tutte le caldaie a vapore esistenti nella industria e nell'agricoltura in Italia, appena il 15 % ha una superficie di riscaldamento minore di 5 metri quadrati, e appena il 40 per cento minore di 10 metri quadrati. Si tratta dunque di grandi motori, il cui impiego richiede capitali notevoli.

Invece la produzione della energia idroelettrica permetterà una trasformazione profonda; la distribuzione della forza si potrà fare anche per piccole quantità, alimentare nel modo più economico possibile piccoli opifici che impiegano mezzo cavallo o un cavallo-vapore. Lungi dal verificarsi, dunque, quelle forme di accentramento che si temono, si verificherà un processo opposto: una crescente individualizzazione della industria, la possibilità della piccola industria di coesistere vicino alla grande e di prevalere in qualche caso.

Senza dubbio può parere enorme che lo Stato possieda la più gran parte della forza motrice. Ma è del pari strano che possieda la più gran parte delle strade. Il caso di una produzione della forza, per mezzo di acque pubbliche, non era nè meno previsto cinquant'anni fa. Ora chi si sarebbe scandalizzato in quel tempo di ammettere, per ortodossia individualista, che i fiumi sono proprietà collettiva? Ebbene, la forza che le acque producono scendendo dai monti sono proprietà meno collettiva del volume di acqua che i fiumi stessi portano al mare? Senza dubbio lo Stato può concedere temporaneamente l'uso di tali acque: non è meno vero che ne rimanga il proprietario e che spetti ad esso in definitiva di fare o non le concessioni.

Insomma, non si può con i criteri seguìti finora giudicare un fatto interamente nuovo: e occorre che il benefizio che da esso può venire all'Italia non sia diminuito da stolti pregiudizi dottrinari.

È generalmente constatato che la produzione in piccole quantità della energia elettrica determini notevoli dispersioni.

La recente statistica, pubblicata dal Ministero di agricoltura, avvertiva già timidamente il pericolo.

« È sembrato di speciale interesse osservare quale quantità di energia elettrica fosse, al 1° gennaio 1899, sviluppata da quelle fra le 2919 derivazioni di acque pubbliche gravate di canone, che erano destinate a tale scopo: pertanto siffatte derivazioni sono state classificate a parte. Esse sono 72 in totale. Di queste, 64 hanno la portata complessiva di moduli 2104 di acqua, e producono 73,580,97 cavalli-vapore di forza, delle rimanenti 8 non si hanno tutti i dati, ma per 4 si sa che consumano moduli 21,20 e per 3 che sviluppano cavalli-vapore 114,32 di forza. Non è forse soverchio di notare come la media della forza generata da ciascuna di queste concessioni sia più che decupla della media generale di tutte le 2919 concessioni. Ciò dipende dal fatto che, per lo sviluppo di energia elettrica, sono meglio adatte, per ragioni economiche, le concessioni capaci di sviluppare grande forza ».

La più gran parte delle concessioni fatte risponde più che a bisogni della industria a speculazioni e accaparramenti: e non è giusto che ciò che è proprietà di tutti dia luogo ad abusi dannosi e ad arricchimenti ingiusti. Abbiamo visto in tempo recente perfino grandi società ferroviarie speculare sull'accaparramento e tentare di vendere le concessioni ottenute !

Inoltre lasciare che tante forze vadano disperse o attendano lungamente chi le utilizzi, quando il prezzo del carbone sale ogni giorno e a noi occorre emanciparci da questa servitù, è errore colpevole.

Occorre dunque che in questa materia si proceda avendo un programma ben chiaro. La trazione elettrica delle ferrovie in un paese estremamente longitudinale, dove la navigazione a vela è sempre il larghissimo mezzo di trasporto e il cabotaggio ha una importanza che resiste a tutto, non è a considerarsi come il supremo interesse della nazione.

Supremo interesse della nazione è invece che la forza necessaria alla industria, in un paese che non ha carbone, sia prodotta al maggior buon mercato possibile.

E non sarà mai da private iniziative che potrà venire nè l'ideazione, nè l'attuazione di vasto programma.

Quanti industriali per utilizzare 1000 cavalli-vapore sono disposti a spendere in una volta sola un milione? Anche potendo ottenere la forza a metà prezzo, si preferisce comperare il carbone, per non privarsi del capitale circolante, ora più che mai necessario alle industrie.

Occorre, dunque, che in questa materia si proceda avendo in mente una idea ben definita: che vi sia un programma nazionale, e che questo programma miri a riunire in una stessa soluzione il problema della produzione a buon mercato della forza necessaria alle industrie e quello della trazione elettrica nelle ferrovie.

Attualmente esiste presso il Ministero dei lavori pubblici una *Commissione centrale permanente per l'esame preventivo delle domande di derivazioni delle acque pubbliche*, istituita con regio decreto 11 giugno 1899.

Nella relazione che precede tale decreto, i tre Ministri dell'agricoltura, dei lavori pubblici e delle finanze, riconoscevano la necessità di una sistemazione definitiva, che poi non è avvenuta.

Ora tranne alcune concessioni a privati e tranne alcuni divieti opposti dalle società ferroviarie, nulla si è fatto. E rimane sempre la constatazione dolorosa che mentre noi paghiamo il carbone ogni giorno a prezzo più elevato, le concessioni fatte in materia di acque pubbliche servono più alla speculazione che all'industria, e i piccoli impianti che tendono a prevalere disperdono inutilmente masse enormi di energia.

Il costo di impianti idroelettrici dipende dalla posizione delle singole cadute di acqua, con tutte le difficoltà relative, e sopra tutto dalla lunghezza dei fili ·per il trasporto della forza. La maggiore distanza, determinando una più grande caduta di potenziale, aumenta il costo della forza.

Non è possibile dunque fare affermazioni frettolose, e nè meno previsioni ardite.

Ma calcolando le spese per i grandi impianti fatte in Italia, a Ginevra, a Rheinenfelden, a Zurigo, ecc.; tenuto presente il prezzo del rame, si può calcolare, *grosso modo*, che produrre e trasportare, sulla base di grandi impianti, masse di energia idroelettrica, costi, tra i 25 e i 40 chilometri, all'incirca 1 milione per ogni 1000 cavalli. È un calcolo di approssimazione assai relativa, una media delle spese di precedenti impianti; e perciò non ha nulla di preciso, nè può avere. Ma si può ritenere che questa cifra non si discosti molto dalla realtà.

Fare impianti idroelettrici che forniscano all'industria e

alla trazione 100 mila nuovi cavalli-vapore di forza ogni anno, significa destinare 100 milioni ogni anno a questo programma di *resurrezione economica*. Un miliardo che fosse speso in questo scopo, farebbe salire l'Italia in pochi anni nel novero dei grandi paesi industriali.

Le grandi lotte economiche dei paesi moderni assumono una complessità maggiore; e la prevalenza sarà di quei popoli che potranno non solo avere un ordinamento industriale più perfetto, ma anche una forza motrice più a buon mercato.

Ora noi abbiamo dinanzi quindici o venti anni (un periodo minore, forse) in cui dipenderà da noi stessi se rimanere un paese povero, denso di uomini e di difficoltà, o entrare nel novero delle grandi nazioni.

Attualmente la produzione generale di forza fornita dalle caldaie a vapore e dai motori a gas non è che di 940 mila .cavalli-vapore, prodotti da caldaie e di 16 mila prodotti da motori a gas: e non meno di 286 mila cavalli servono alle ferrovie. La forza idraulica derivata dalle concessioni non è che di 300 mila cavalli: di cui poca parte è utilizzata.

L'industria manifatturiera e l'agricoltura non impiegano in Italia che 430 mila cavalli, ricavati in gran parte dal vapore.

Quindi le forze esistenti e che prima o dopo dovranno essere utilizzate non solo possono bastare alla trazione ferroviaria, nei limiti consentiti dalle recenti applicazioni; non solo *ove fosse possibile tecnicamente*, possono mediante accumulatori, sostituire la energia elettrica al vapore, a bordo delle navi; ma lasciano un immenso margine per lo sviluppo della industria.

Ora se la ricerca e l'applicazione delle forze idrauliche può da noi dare alla industria un impulso potente, molto più ancora dobbiamo attendere dallo sviluppo ulteriore della elettrotecnica. Quando le forze idrauliche potranno essere portate non a 60 o 70, ma a 150 o 200 chilometri, quale sviluppo di energie nuove verrà! Le trasformazioni, che avvengono ogni giorno, permettono sempre più di produrre e trasportare la forza elettrica con una spesa minore.

Anche senza abbondare in ipotesi ottimiste è logico prevedere che le nuove applicazioni faranno all'industria italiana una situazione più vantaggiosa. Così forse un giorno come l'applicazione di una forza sotterranea creò a noi la inferiorità, le applicazioni di un'altra forza, dovuta probabilmente a modificazioni che avvengono in un mezzo di cui è riempito lo spazio, creeranno una causa potente di superiorità.

Il debito è senza dubbio non solo il peggior nemico della finanza italiana, ma anche la più gran fonte di errori. Bisogna dunque evitarlo come più è possibile.

Ma supponiamo che in dieci anni un miliardo di debiti ci metta in grado di dare alla industria la forza a metà del prezzo attuale, e che ci consenta di far sorgere grandi impianti industriali dove ora è poco o nulla, l'onere nuovo sarà compensato in mille guise.

Un miliardo al 4 per cento (sarà sempre il 4?) non significa che un onere di 40 milioni. Ma ci darebbe 1 milione di cavalli-vapore di energia idroelettrica.

Ora la produzione attuale di forza anche *essendo notevolmente inferiore a 1 milione di cavalli-vapore*, ci costringe a comperare all'estero 150 milioni di lire di carbone all'anno.

Noi ci troviamo dunque in questa situazione: o continuare nella via attuale, che è la più onerosa, e acquistar sempre grosse masse di carbone e sancire la nostra inferiorità e nello stesso tempo distruggere col metodo attuale delle concessioni una grande forza e potente; o fare arditamente un programma nazionale di trasformazione per sostituire nella più larga misura possibile il carbone bianco al nero.

Il debito è servito a troppi scopi cattivi e a troppi errori: e nessuna avversione contro di esso è ingiustificata. Ma qui si tratterebbe di investire dei capitali nella più immensa opera di trasformazione che la storia ricordi; e investirli per salvarsi dalla povertà economica, che è causa grande di povertà morale.

Io non oso fare questo programma di trasformazione.

A me basta averlo accennato. So tutte le difficoltà di esso; so come occorra una prudenza grande dove il capitale circolante è scarso; so pure le difficoltà tecniche di un così grande ordinamento. Ma ciò non toglie che nessuna di queste difficoltà sia insuperabile e che occorre, viceversa, se anche ostacoli grandi vi fossero, rimuoverli.

La nostra presente inferiorità industriale non dipende già da nostra inferiorità di adattamento alle forme nuove della vita economica, ma dal fatto che queste forme nuove si sono svolte finora nel modo più a noi svantaggioso, e che solo adesso cominciano a delinearsi in guisa da permetterci largo sviluppo.

. La industria italiana ha avuto cominciamento difficile, quasi artificioso, e ha determinato il sacrifizio della Italia meridionale; ma ogni giorno fa una conquista nuova. Le industrie tessili gareggiano ora per qualità e prezzo dei prodotti con le migliori di Europa; le industrie meccaniche, che pareano un assurdo, si formano rapidamente. Produciamo macchine a vapore, che non hanno nulla da invidiare e che, come quelle di Tosi, possono essere ragione d'invidia. I progressi della industria elettrochimica sono a loro volta notevolissimi.

Non esiste nessuna statistica industriale che ci permetta di valutare la produzione delle singole industrie; e il commercio internazionale è indice scarso e di mediocre valore.

Ma la statistica delle forze motrici ci dimostra quale grande cammino si è compiuto. Nelle industrie metallurgiche il numero dei cavalli-vapore è cresciuto dal 1894 al 1899 di 6036; di 7683 nelle industrie chimiche; di 4176 nella industria della seta; di 3861 nella industria della lana; di 17,974 nella industria del cotone, ecc. E quasi in ogni gruppo di industrie l'accrescimento è notevole.

Non ostante dunque condizioni estremamente difficili, dove si è potuta formare l'industria manifatturiera si è svolta rapidamente.

Pure mancava a noi oltre che il carbone il ferro.

Ma come l'energia idroelettrica sostituirà il carbone in grandissima parte, così il ferro è minacciato.

Nè meno il regno del ferro è assoluto, in questo periodo di trasformazioni profonde. Nuovi metalli sono sorti; altri forse sorgeranno. L'alluminio, che è preparato per via elettrolitica, ci serba meraviglie nuove: questo metallo artificiale, che è fra i più leggeri e i più resistenti che esistano, era ancora pochi anni or sono venduto a prezzi enormi e si conservava solo nei musei. Ora è venduto a poche lire il chilogramma, e il suo prezzo discenderà rapidissimamente. Già adesso mentre l'alluminio pesa 5 volte meno dello stagno, non costa che due volte di più. Poco a poco l'alluminio farà la concorrenza al ferro e all'acciaio e nuove vie si apriranno a noi: e la industria sostituirà la natura. Leggero come il vetro, resistente come il ferro, inossidabile come l'argento, l'alluminio ha tutte le qualità per prevalere.

Come ha detto Bergés, il carbone nero riduce il minerale di ferro che ha fatto la nostra civiltà e il nostro secolo; ma non può nulla sull'alluminio, che solo il carbone bianco, o la forza idraulica, mediante la elettricità, ricava dall'allumina. Ora se l'alluminio sarà prodotto a un buon mercato soddisfacente, sostituirà sempre più il ferro in moltissimi usi industriali. Solo che il suo prezzo diminuisca ancora della metà (ed è già diminuito di centinaia di volte) e la sostituzione sarà rapida (1).

Ora l'Italia, che è il paese di Europa il quale ha maggiore interesse alla produzione a buon mercato dell'alluminio, viceversa non ne produce. Ma il giorno in cui fossero fatti grandi impianti idroelettrici, bisognerebbe creare condizioni speciali per la produzione di questo metallo. Poichè l'energia non sarebbe impiegata che durante il giorno quasi generalmente, bisognerebbe nelle ore in cui rimarrebbe inoperosa, cederla quasi gratuitamente alle fabbriche destinate alla pro-

---

(1) Cfr. HANOTAUX nella *Revue des deux mondes* del 1° aprile 1901.

duzione dell'alluminio. Quel giorno una immensa trasformazione si verificherebbe.

Questi due grandi avvenimenti sono completati da altri, il cui significato non può sfuggire.

Il secolo XIX si è chiuso infatti con una delle più grandi scoperte per l'avvenire dell'Italia: il problema della malaria, il più grave dell'Italia agricola, il problema fondamentale del Mezzogiorno, non è ancora forse risoluto; ma già i termini di esso sono noti e la soluzione definitiva non tarderà.

Sarà la possibilità di estendere le coltivazioni, di intensificare la produzione. E ancora questa grande scoperta è dovuta in gran parte a un italiano, a Battista Grassi, cui già la biologia avea dischiuso alcuni dei suoi secreti più impenetrati.

Finora le cause della malaria erano rimaste ignote: e si trattava nondimeno di discoprire uno dei più grandi mali della vita italiana. L'Italia infatti ha ancora fra tutti i paesi di Europa questo doloroso primato della malaria, che è quasi ignota anzi in Germania, in Francia, in Inghilterra, così scarsa n'è l'importanza.

Ora la malaria pareva un male invincibile, una delle fatiche che nessun Ercole avrebbe potuto compiere. Le ricerche di Ross, di Kock, di Angelo Celli, di Golgi e di tanti altri valorosi e sopra tutto quelle del Grassi, hanno già svelato in tanta parte il mistero della malaria: non è lontano il giorno in cui si potrà combattere il male con speranza di soffocarlo (1).

E sarà grande opera di redenzione; sopra tutto per l'Italia centrale e meridionale e per le grandi isole, dove la malaria uccide più che in tutta Europa.

---

(1) Oltre le pubblicazioni popolari fatte dal GRASSI (Milano, Treves), cfr. PAOLO LIOY, *I misteri della malaria* nella *Nuova Antologia*, 16 dicembre 1898; gli studi del CELLI, ecc. Il grande impulso dato agli studi della malaria è dovuto sopra tutto all'on. Giustino Fortunato, che *solo* mostrò d'intendere tutta l'ampiezza di questo problema per la vita economica dell'Italia.

Anche nella politica commerciale una grande mutazione è avvenuta, ed è a vantaggio dell'Italia.

Il commercio medioevale si svolgeva quasi interamente nel Mediterraneo, e l'Italia messa al centro di tutti gli scambi, essendo la grande via di traffico di tutti i popoli, poteva essere facilmente il più gran paese commerciale. Ma dal secolo decimoquinto, e ancor più dal decimosesto, la situazione venne a mutare. Avendo chiuso i turchi le porte dell'Oriente e impedito il traffico che prima vi si svolgeva continuato, e avendo più tardi la scoperta del capo di Buona Speranza aperto alla navigazione nuove vie, prima il Portogallo, poi l'Olanda, la Fiandra, l'Inghilterra, presero quel primato marittimo che l'Italia perdeva.

Infine la scoperta dell'America muta ancora una volta le basi del commercio, diminuendo l'importanza del Mediterraneo e permettendo all'Inghilterra uno sviluppo che nessuno avrebbe potuto prima intravvedere. Quando infine la navigazione a vapore si sostituisce in gran parte alla navigazione a vela, l'Inghilterra che sola possedeva il primato del carbone e del ferro, conquista definitivamente un primato industriale e commerciale che per la sua grandiosità non ha confronti.

Ma ora come il carbone e il ferro sono minacciati ogni giorno nel loro regno, che è stato finora assoluto, così le basi della navigazione sono mutate ed il traffico prende nuove vie.

« Ma — scrive un intelligentissimo studioso dei problemi della navigazione — un nuovo cambiamento avviene ai nostri giorni nelle vie della navigazione col taglio dell'istmo di Suez, che mette l'Inghilterra nella identica posizione in cui era Venezia dopo la scoperta del Capo. Le merci asiatiche, facendo prima il giro dell'Africa, andavano tutte a depositarsi nei porti inglesi, da dove poi venivano distribuite agli altri paesi d'Europa; ora, invece, traversando il Mediterraneo, vanno direttamente al luogo di destinazione senza toccare la Gran Brettagna, che vede così diminuire a poco per volta il suo immenso commercio di transito, mentre il Mediterraneo diventa di nuovo la sede del traffico indo-europeo » (1).

Senza dubbio la Gran Brettagna può resistere a lungo; ma la sua prevalenza, che fu quasi incontrastata, tramonta·

La nuova mutazione avvenuta nella produzione e negli scambi è tutta a vantaggio dell'Italia.

L'Italia, dunque, è nella sua ora più decisiva; oserei dire è com'era la Germania quando Gottlieb Fichte rivolgeva i suoi memorandi *Discorsi alla nazione tedesca*. Berlino allora aveva lo straniero nelle sue mura; noi abbiamo (occorre ancora ripetere?) la nostra povertà, i nostri pregiudizi, le nostre tristezze; li discacceremo noi?

Io sento che non parlo a voi soli; parlo ai giovani d'Italia, a quanti hanno bisogno di una vita nuova.

Forse ho detto troppe cose che sono tristi; che importa? La nostra ignoranza delle cose non guarirebbe il male; come la nostra conoscenza non l'aggrava, ma ci dà il solo modo di guarirlo.

Alla sua nazione depressa Gottlieb Fichte diceva: « Il problema della Germania non è che un problema di *educazione* ». E bene: *il problema dell'Italia è sopra tutto un problema di educazione.*

La superiorità non dipende spesso solo dagli uomini, ma dipende sopra tutto da essi. La Germania ha la sua immensa distesa di terre, ha il suo carbone, ha il suo ferro, ma ha anche la sua anima nazionale: ha un senso di elevazione. La Germania è veramente un paese che vuol salire; *a rising race*, come diceva Disraeli dell'Inghilterra.

Basta parlare con un tedesco per sentire come uomini

---

(1) C. SUPINO, *La navigazione*, 2ᵃ ediz. Torino, 1900, pag. 35. Cfr. pure nel *Report of the fifth-eight Meeting of the British Association for the advancement of science*. London, 1889, l'*Addres to section of geography* del presidente C. W. WILSON, pag. 733-35.

delle più opposte opinioni, delle più diverse tendenze siano uniti da una stessa fiducia nell'avvenire del loro popolo. Volere non è potere; poichè vi devono essere le ragioni materiali di successo anche nella vittoria. Ma non è meno vero che, date queste ultime, gli uomini sono ciò che vogliono essere, e che la prevalenza dei popoli è data in gran parte dalla fiducia in sè stessi e dal loro spirito di elevazione.

Ed ecco ciò che manca ancora agli italiani: questa fiducia in sè stessi, questo desiderio quasi febbrile di espansione e di forza.

E tutto ciò non può venire che da una più larga diffusione della cultura, da una propaganda assidua da parte degli elementi più sani.

« La vecchia cultura è finita — scriveva Arturo Graf; — ma mentre in alcuni paesi d'Europa alla vecchia si sostituisce animosamente una nuova, in altri la vecchia muore e la nuova non nasce. Che avviene in Italia? (1).

« In Italia avviene un fatto strano. Mentre la scienza cresce, la cultura scema, e scema in quella classe sociale appunto che più ne dovrebbe custodire il patrimonio e tutelare le sorti ».

Ora io non credo che la cultura in alcune classi scemi; ma è certo che le classi medie assai spesso se ne disinteressano, e che il paese è sempre governato da elementi che non hanno nessuna fede nella scienza, nessuna conoscenza della vita moderna, che non possono contribuire a formare la grande anima nazionale, poichè essi stessi vogliono debolmente e sanno poco e male.

La nostra povertà presente è grande; ma sarebbe tollerabile se avessimo dinanzi un programma nazionale, se vedessimo chiara una via di risurrezione.

Il popolo si rassegnerebbe anche alla miseria presente se l'anima nazionale vibrasse, se un legame comune ci unisse in qualche cosa e per qualche cosa, sopra tutto se fosse

_____

(1) GRAF, *Per la nostra cultura* nella *Nuova Antologia* del 16 marzo 1898.

chiaro uno scopo, una meta da raggiungere. Popoli traversati dalla idealità religiosa, o dominati da una febbre di grandezza e di espansione, si sono rassegnati a una miseria ancor più grande e hanno trionfato.

Ma gl'ideali che si additano alla nazione sono artificiosi e nessuno crede in essi, e i nostri politicanti sono troppo miserabile cosa perchè la nazione li segua.

L'ambiente politico e parlamentare italiano è troppo fatuo e corrotto perchè ci dia un programma di politica nazionale. Esso migliorerà solo quando l'educazione nazionale sarà migliorata.

I nostri parlamentari non sono, per la più gran parte, nè meno in istato di intendere la trasformazione che si va operando nel paese. Senza dubbio nei regimi rappresentativi è difficile, se non impossibile, stabilire una linea netta di demarcazione fra il Parlamento ed il paese; ed è impossibile dire che l'uno sia buono e l'altro sia cattivo. Ma è pur vero che le assemblee rappresentative non sono la parte più sana del nostro paese, nè l'avanguardia dell'intelligenza.

La funzione politica è senza dubbio importantissima; ma è veramente doloroso che essa eserciti un'attrazione nel senso più dannoso.

In generale i politici tendono a esagerare la loro importanza sulla vita dei popoli. Solo lo sviluppo della conoscenza, la diffusione della cultura, lo sviluppo tecnico dei mezzi di produzione sono causa di mutazioni profonde; nessuna opera di governo può creare nulla, e i governi migliori sono quelli che utilizzano le energie più utili.

Sui destini dell'Europa moderna più che Gladstone e Thiers e tutti i politici, hanno agito le scoperte e le applicazioni di Darwin, di Faraday, di Pasteur, di Lister, di Koch e di cento altri studiosi.

All'avvenire economico e morale d'Italia, più che le discussioni parlamentari (poche oasi in un infinito deserto di idee) e le opere di tutti i governi, hanno giovato le scoperte di Galileo Ferraris, di Pacinotti, di Grassi.

Noi parliamo spesso anche dei politici maggiori come se avessero creato qualche cosa; nella più gran parte non hanno fatto che raffigurare movimenti che esistevano in un tempo determinato. Io oso dubitare che lo stesso Gladstone abbia giovato la decima parte di Herbert Spencer allo sviluppo delle idee liberali.

I politici sono come gli attori; essi hanno una grande notorietà e una grande fortuna, ma sono utili solo se rappresentano bene le opere scritte da altri. Le loro creazioni sono effimere e la loro azione è fugace. Qualche volta le loro esagerazioni guastano anche il gusto del pubblico, cui vietano di comprendere le opere veramente belle.

Senza dubbio io non vorrei parlare in questa guisa di Cavour e di Bismarck; ma è che essi hanno avuto veramente un grande programma nazionale e compiuta una grande opera. Essi non sono stati gli attori soltanto, ma gli ideatori di un immenso dramma umano.

Ma gli uomini che si disputano il primato in Italia valgono d'ordinario assai poco; e per la nazione è quasi indifferente che prevalgano gli uni o gli altri. Io non so se sostituire un ministro all'altro aggiunga o tolga qualcosa all'avvenire dell'Italia; piuttosto inclino a credere che sia quasi del tutto indifferente. Basta parlare con gli individui che ci hanno governato o ci governano, per sentire come la maggioranza, fuori delle piccole lotte parlamentari, non s'interessi a nulla. Le stesse cose sono buone o cattive, secondo che volute dai propri amici o dagli avversari; e sono pochissimi quelli che lottano veramente per qualche cosa. I così detti parlamentari autorevoli non fanno che passare da un eccesso all'altro; schiavi dei loro gregari e più dei loro pregiudizi.

I parlamenti sono un po' dovunque più adatti al trionfo degli uomini mediocri che delle anime forti; ma da noi la mediocrità ha un regno quasi assoluto. Si può dire anzi che sia il solo dominio che ogni giorno si rafforzi.

Ora invece sulle anime giovanili le battaglie parlamentari

esercitano un'attrazione pericolosa. I 180 individui che si sono succeduti al governo del paese, come ministri, dal 1860 ad ora, sono più noti in generale dei maggiori studiosi e dei più grandi combattenti che hanno creato l'industria nazionale; pure nella più gran parte valevano assai poco. I principali uomini parlamentari sono anch'essi più reputati dei nostri grandi produttori e dei nostri grandi scienziati. Pacinotti, che con le sue scoperte ha aperto nuovi orizzonti alle applicazioni dell'elettrotecnica e quindi all'avvenire dell'Italia, è meno apprezzato di un qualsiasi ignorante che da Destra o da Estrema Sinistra faccia interruzioni più o meno banali e sciorini la sua piccola sapienza imparaticcia in discorsi più o meno inutili.

Da assai anni a questa parte tanti avvocati verbosi, tanti mediocri, tanti incompetenti sono stati ministri; pure l'esser o l'esser stato ministro è ancora da noi il più gran segno di distinzione.

La politica è un importantissimo ramo di attività e non è possibile disinteressarsene. Ma è pericoloso che in un paese il quale ha bisogno sopra tutto di sviluppare la sua cultura e di produrre di più, si continui dalla gioventù a non guardare e a non ammirare se non ciò che è indifferente alla produzione e alla cultura. E peggio ancora; poichè il paese è in tormento continuo, si fa dipendere ogni salvezza da provvedimenti parlamentari, che per lo più non sono se non aggravi nuovi.

Noi speriamo in grandi riforme tributarie, che non sono possibili, che non sono vere. Coloro che le enunciano hanno idee così farraginose, che noi spesso *preferiamo il male presente alle riforme minacciate.* Un paese come l'Italia, dove, nelle strettezze della produzione, governo ed enti locali prendono 2300 milioni, e la più gran parte oramai serve a pagar debiti, mal si presta alle grandi riforme. Le grandi riforme finanziarie di Peel, così spesso invocate da chi le ignora, avvennero nel momento in cui l'Inghilterra non già cominciava la sua immensa trasformazione industriale, ma la compieva; anzi quando già l'Inghilterra si era trasformata da agricola in industriale.

In Italia la migliore riforma tributaria consiste nel non mettere nuove imposte, nè dirette, nè indirette, nè sui ricchi, nè sui poveri, perchè tutti pagano troppo. Senza dubbio alcune imposte attuali possono essere mitigate; ma poco è da sperare da questo punto di vista, data la entità e la qualità delle spese dello Stato e degli enti locali.

Gli uomini politici che ci governano, anche quando promettono riforme tributarie audaci, non pare che attacchino gran fiducia alle loro promesse, poichè non aspirano che ad occupare il ministero dell'interno, cioè a costituire nuove clientele, o alla peggio quello degli esteri, cioè a trascinarci in nuove avventure e a dar sfogo alla loro vanità di pervenuti. Dal 1860 nessun presidente del Consiglio ha voluto per sè i ministeri dell'agricoltura e della istruzione, dove più si può far bene da uomini di buona volontà; due soli per necessità politiche e per breve tempo sopportarono i fastidi del ministero delle finanze; quando, invece, nella stessa Francia, molti fra i presidenti del Consiglio hanno voluto l'onore di essere a capo della istruzione e dell'agricoltura!

Chi può credere in buona fede che grandi riforme siano capaci di fare persone che agiscono in tal guisa?

La politica, dunque, è una necessità cui non dobbiamo sottrarci; e le forme parlamentari sembrano indispensabili alle società moderne. Cerchiamo pure di perfezionarle; ma non è da un Parlamento più o meno buono che verrà la salvezza del paese.

Non bisogna stancarsi di ripetere che il disquilibrio presente della vita italiana dipende sopra tutto dalla scarsità della *produzione*, e che occorre per accrescere la produzione mutare l'indirizzo della nostra educazione.

Piuttosto che empire le menti giovanili di pregiudizi e di errori, di gonfiare la vanità dei giovani con paralleli erronei, piuttosto che dar come tipi da imitare uomini di duemila anni or sono, bisogna penetrarli di realtà.

Un uomo povero può essere grande; un popolo povero, mai. Alla gloria non giungono che i popoli ricchi, poichè per la società la ricchezza è l'indice dell'energia. Noi possiamo commoverci pensando a Spinoza, che scende dalle altezze sublimi della sua speculazione, e guadagna la vita con umile mestiere; possiamo commoverci per Vico, che trascina la sua grandezza ignorata in una povertà oscura; ma *un paese povero* non è che un paese debole, o per lo meno un paese che può dare poco contributo alla civiltà.

Un'educazione sbagliata ci abitua, da una parte al culto della violenza e dall'altra alla glorificazione della debolezza. Noi siamo ancora in Europa il paese che commemora più eroiche disfatte; laddove sarebbero preferibili anche le ingloriose vittorie.

Poichè il nostro paese è povero, noi dobbiamo insinuare nella mente dei giovani che il miglior modo di servir la patria è di aumentarne la ricchezza; che chi lavora è degno e chi non lavora è indegno.

I più degni uomini sono in Italia gli studiosi che lavorano allo sviluppo della conoscenza, i produttori, gli industriali, gli agricoltori, i commercianti che lavorano allo sviluppo della ricchezza.

Più il loro numero crescerà e più il paese dovrà progredire. Là dove è quasi del tutto indifferente che il paese perda metà dei suoi oratori; ed è forse in qualche parte vantaggioso che perda la metà dei suoi attuali amministratori.

Il modo più utile di servire la patria è quello di accrescere le sue *ricchezze materiali*; ed il modo più dannoso è quello di accrescere le abitudini di verbosità inoperosa, l'amore della controversia oratoria e di altre simili sciagure della vita italiana.

Quando tutti i benefizi sono venuti a noi dalla cultura, ci ostiniamo, invece, a guardare con diffidenza, con animadversione tutte le energie più attive.

Così i problemi della scuola lasciano indifferenti; e la istruzione è lungi dall'avere l'efficacia che dovrebbe. Anzi, spesso più la popolazione scolastica aumenta e più l'inquietudine aumenta in noi.

Ma le basi della educazione sono errate.

Esiste da noi una scuola media che crea molta gente di valore; ma crea più ancora spostati e faziosi.

È una scuola adatta a formare impiegati; una scuola in cui la mente giovanile è come compressa da un insieme di conoscenze più o meno inutili.

Noi abituiamo la gioventù fin dai primi anni a mentire; e diamo un'istruzione la quale non servirà ad essi e non servirà a noi. La questione del greco e del latino è d'ordinario mal messa, poichè non è l'utilità e la bellezza di queste due nobilissime lingue che noi contestiamo, bensì che esse debbano essere insegnate a oltre 50 mila giovinetti, di cui nella vita un migliaio soltanto deve seguire gli studi superiori, e altri devono o dovrebbero produrre la ricchezza.

Ciò che noi contestiamo è che sia utile continuare in un sistema educativo che dà solo retori, impiegati e faziosi.

Dal 1871-72 al 1897-98 il numero degli alunni dei ginnasi governativi è passato da 8269 a 25,551, e quello degli alunni dei licei da 3773 a 10,675, ed è cresciuto moltissimo il numero di coloro che frequentano ginnasi o licei mantenuti dagli enti locali o privati.

Là dove, segno non lieto, il numero delle opere date in lettura nelle biblioteche è passato a pena dal 1872 al 1898 da 1,258,887 a 1,690,825, e il numero dei lettori da 853,901 a 1,294,869.

Ora, in complesso, frequentano i ginnasi quasi 60 mila persone e poco meno che 20 mila i licei; fanno pure numero enorme di esami, ma nella maggior parte per *liberarsi*, come essi dicono, dal peso che impongono i regolamenti; senza idealità alcuna, anzi, non avendo fede in ciò che studiano.

Chi insegna nelle università assiste ogni giorno ad uno

spettacolo tristissimo. Migliaia di giovani che vengono dai licei e dalle scuole secondarie hanno quel genere di cultura che i francesi direbbero *chauffage*, un riscaldamento esteriore, fatto solo per gli esami. Giungono con la testa piena d'idee false; hanno studiato molte cose, nove o dieci discipline, ne studieranno all'università altre venti. Arrivano con idee molto storte, e sopra tutto con un'idea che non potrebbe esser peggiore: che l'essenziale è laurearsi, poichè ciò che è utile s'impara dopo. Tutto il bagaglio del liceo, nozioni di ogni natura, che vanno dai dialoghi platonici fino alle controverse teorie sulla origine dei mondi, è cosa che pochi conservano. E nelle università la fibra si indebolisce, poichè vi è un contrasto grande fra ciò che si insegna e ciò che avviene nella vita. Ho provato più volte di parlare ai giovani di ciò che dovrebbe essere una borghesia sana, una classe di produttori: ho visto che parlavo un linguaggio nuovo. Perchè sacrificare tante migliaia di lire a imparar cose che non si amano? Perchè diventare medici, avvocati, ingegneri, quando forse diventare una di queste cose vuol dire prepararsi ad una vita grama? Perchè non tentare la sorte, perchè non essere piuttosto produttori o trafficanti? I nostri contadini ci danno il mirabile esempio di gente che porta dovunque il suo lavoro; perchè noi non li imitiamo, perchè non ci trasformiamo? Tutte le volte che ho parlato così (e come me tanti han parlato) ho visto che mancava qualche cosa nell'anima, che le parole non riescivano a dare; è l'educazione falsa che toglie ogni fibra ideale, ogni bisogno di espansione e di lotta.

Tutto si vuole e si attende dallo Stato, e nello stesso tempo sono intorno al governo pressioni di ogni natura perchè aumenti il numero dei posti e delle occupazioni.

L'università invece di reclutare piccolo numero d'individui eletti, accoglie popolo innumerevole di individui per cui la cultura superiore è un mezzo per avere un impiego, o per vivere meschinamente in una professione, che per ironia si chiama libera. Noi abbiamo più avvocati, più medici, più ingegneri civili di tutti i maggiori paesi d'Europa. E la fabbrica continua con progressione vertiginosa.

Spesso, tornando da un viaggio all'estero, io paragono la attività pratica degli altri popoli alla nostra vita ancora piena di pregiudizi, al nostro medio evo dello spirito.

E quando parlo ai miei studenti dell'università, e vedo trecento o quattrocento teste chine, io mi chiedo : Perchè essi non sono nel mondo ad arricchire, a lottare e a godere?

La nostra scuola tecnica è un equivoco, e la nostra scuola classica è, spesso, una mistificazione.

La situazione delle così dette *professioni liberali* in Italia è così orrenda che non ha confronto con quella degli altri paesi; è un vero proletariato intellettuale quello che noi formiamo con grande cura.

In pochi anni, dal 1881-82 al 1897-98, gli alunni delle facoltà di giurisprudenza son passati da 4538 a 7211; quelli delle facoltà di filosofia e lettere da 341 a 1306; quelli di medicina da 3947 a 6923; quelli di scienze naturali da 1364 a 2845. Il numero degli studenti degli istituti universitari (letterari o scientifici) è passato da 1375 a 2884.

Da calcoli fatti risulta che vi sono all'incirca 1300 laureati ogni anno nella facoltà di giurisprudenza; tenuto conto della mortalità degli impiegati e di quella degli avvocati esistenti (già tanti), non possono riversarsi negli impieghi che 234 nuovi laureati e 260 nell'avvocatura; in cifra tonda 500 persone.

Le lauree in medicina sono poco oltre un migliaio ogni anno. Ora si calcola che muoiano dei medici esistenti circa 500 ogni anno. Vi è dunque una produzione doppia del bisogno, e noi abbiamo 66 medici per ogni 100 mila abitanti; cifra non raggiunta quasi da nessun paese.

Le lauree di architetti e ingegneri sono ora all'incirca di 400 all'anno; ma i posti che la morte rende vacanti fra gli ingegneri esistenti, che lavorano per sè o negli uffici, non raggiungono i 300.

I laureati in lettere e filosofia sono poco meno di 200 all'anno; i posti che si rendono vacanti fra coloro che li occupano ora sono poco meno di 100.

Donde deriva che individui, che hanno fatti studi superiori, si contentano dei più poveri impieghi; spesso di retribuzioni che i più umili operai non accetterebbero.

E da ciò viene all'Italia il maggior pericolo rivoluzionario. Una turba di spostati, i quali hanno studi che non servono alla vita, che hanno tradotto il *Fedone* al liceo, hanno alla università esaminato nel diritto internazionale il modo di conciliare le nazioni, ma che non hanno nulla di ciò che occorre per produrre, è costretta a una battaglia quotidiana con la fame e inclina a ogni violenza e a ogni mutazione.

La parte più veramente faziosa della popolazione è formata da laureati e diplomati in cerca di occupazioni, da avvocati sopra tutto.

Gli altri popoli hanno seminato il loro paese di scuole industriali e commerciali per il popolo; da noi la istruzione professionale tecnica quasi non esiste, e le scuole superiori di commercio e di agricoltura si trasformano spesso in accademie.

Oramai l'industria e il commercio richiedono, da parte di chi li esercita, una competenza tecnica, la quale è in generale di gran lunga superiore a quella richiesta per l'esercizio della avvocatura e della più gran parte dell'insegnamento industriale. Ora invece vige il pregiudizio che il commercio sia fatto sopratutto di tradizione e che l'industria sia sopratutto esperienza. Così l'insegnamento commerciale e industriale è negletto; e mentre le scuole medie classiche, in gran parte inutili, riboccano di alunni e l'insegnamento così detto tecnico e che di tecnico non ha che il nome rigurgita, le scuole commerciali e industriali sono poco frequentate.

Tutti gli scrittori si accordano nel dire che una delle maggiori cause dello sviluppo della Germania è l'abbondanza e la bontà dell'insegnamento industriale e commerciale e il ministro del commercio d'Inghilterra, Ritchie, non esitava a riconoscere, in un discorso tenuto due anni or sono alla Ca-

mera di commercio di Croydon che se l'incremento annuo
del commercio di esportazione in Olanda, Belgio e Germania
è così grande in paragone dell'Inghilterra — 12 per cento
contro 4 — ciò è dovuto sopratutto alla bontà dell'insegnamento commerciale (1).

« Si è troppo gridato dai tetti — scriveva di recente il
direttore di una delle nostre maggiori scuole di commercio
— senza forse interrogare l'etnografia e la sorella minore,
la linguistica, che noi italiani siamo i discendenti diretti dei
romani, che in noi è connaturale il classicismo e che quindi
sapere il latino ed il greco è una questione di dignità per ogni
italiano. Si è poi in questo classicismo o romanismo altezzoso
infiltrato un fiero sprezzo per l'attività economica, che, come
ai tempi dell'impero, si vorrebbe affidata ad una classe inferiore, che ricordasse forse, se non gli schiavi, almeno i
liberti dell'epoca romana. Ora, l'uomo è un animale aristo-
cratico, nè la malsana tradizione si è spenta; il latino, il
greco, la storia romana coi suoi Tarquinii, coi suoi Cesari,
coi suoi Bruti, costituiscono ancor oggi nella mente di molti
gli elementi costitutivi, i titoli acquisiti per appartenere alla
casta quiritaria. Passata la nobiltà della nascita, si crea la
nobiltà dei prenomi e dei predicati: l'avvocato, il medico, il
professore, l'ingegnere si sono sostituiti nella marea bor-
ghese, aristocratica più dei discendenti da Carlo Magno e da
Goffredo di Buglione, ai conti, ai marchesi, ai baroni del
Medioevo. « Il tecnicismo uccide il classicismo! » sclamava
il nostro maggior poeta vivente, dimenticando che ciò che

---

(1) Oltre la nota opera del PYFFEROEN, cfr. fra le innumerevoli
pubblicazioni di questo argomento E. LEANTEY, *L'enseignement commercial et les écoles de commerce en France et dans le monde*; gli
atti del congresso internazionale di Anversa, *Rapports et discussions*,
Anvers, 1898; il volume pubblicato dal nostro Ministero di agricoltura:
*Ordinamento e risultati delle scuole commerciali, industriali, profes-
sionali, ecc.* Roma, 1898; *Mittheilungen des Deutschen Verbandes
für das Kaufmännische Unterrichtswesen*, 4 vol. Limbach, 1895-1897;
E. J. JAMES, *The education of business men*. Chicago, 1898; ecc.

egli oggi chiama classicismo, classicismo non è, almeno s
con tale parola si vuol intendere quello spirito e quella coltura che s'informa alle idee, alla civiltà, alle tradizioni del-
l'opera greco-romana. Poichè gli avvocati, medici ed ingegneri che escono dai nostri licei e dalle nostre università
nulla sanno di greco, e novanta per cento saprebbero a mala
pena interpretare dieci righe di Commentarii. Nè il senso
loro intimo si rannoda anche solo lontanamente alla tradizione romana, perchè, se pur s'arrabattano per ottenere una
laurea, appena l'hanno conseguita (e il modo non lo dico)
la volgono ad un affarismo, ad una cupidine di guadagni,
che sarebbe tollerabile, anzi lodevole in un commerciante, ma
che è riprovevole in chi adempie ad una funzione sociale, che
dovrebbe essere una missione, non un mestiere.

« Ognuno che rifletta vede quanto sia di princisbecco
questo classicismo sì vantato e sì adorato, quanto esso non
rappresenti che una ipocrisia sociale, una di quelle tante fin-
zioni, di cui ci pasciamo in questo tempo, che non dirò,
come tanti dissero, privo di ideali, ma in cui gli ideali sono
mutati da quelli che erano nel periodo umanistico e dei 'quali
oggi non si insegna che una larva senza contenuto » (1).

Tutto ciò non solo è vero; ma è anche men grave della
situazione reale. Ond'è che noi abbiamo bisogno di uscire da
questo stato di cose che ci angustia e ci tormenta.

La suprema necessità dell'Italia è *produrre di più* e con
una savia educazione trasformare le sue *classi medie in classi
produttrici*.

Noi siamo nell'ora critica della vita nazionale, e dipenderà
solo da noi se vogliamo salire al livello della Germania, o
discendere al livello della Spagna.

Uno sforzo di volontà può farci salire rapidamente sulla

---

(1) A. RONCALI, *L'istruzione commerciale in Italia e particolar-
mente le scuole superiori di commercio*. Genova, 1899.

via della prosperità e della ricchezza; ma occorre uno sforzo di tutta la nazione, che non può venire se non da una coscienza più grande della realtà.

L'Italia possiede oramai tutti gli elementi per trasformarsi; può utilizzare una grande forza motrice e, perdute le antiche cause di inferiorità, competere con le più grandi nazioni; possiede una mano d'opera abbondante e in cerca di lavoro; ha popolazione crescente e popola ogni giorno nuove terre, aprendo nuovi mercati; la situazione commerciale, infine, tende tutta a volgersi in suo favore.

Sapremo noi profittare di questa situazione di cose divenuta così decisivamente favorevole? sapremo trarne il vantaggio che da quaranta anni ha saputo la Germania?

Senza dubbio, le lotte sociali sono aspre; ma anche il nostro paese ora è povero e non vi è nessuna classe che non sia scontenta del suo stato attuale. Il solo modo di migliorare durevolmente le condizioni delle classi lavoratrici è quello di accrescere la ricchezza generale, e ciò che occorre all'Italia è trasformare il suo sistema di educazione e seguire le energie nuove che si vanno determinando.

Il Governo deve fare una sola cosa: il *minor numero di spese e di debiti che sia possibile*. Non deve con nuove grandi spese improduttive e con emissioni inconsiderate di rendita impedire al capitale di investirsi in industrie nuove, nè creare industrie fittizie, nè continuare nelle emissioni di carta falsa. Una maggiore onestà e una più grande semplicità insomma.

E la redenzione dell'Italia verrà allora dallo espandersi della industria, dallo intensificarsi della produzione, dalla più larga e crescente partecipazione del paese alla vita industriale.

Senza dubbio l'atmosfera è fosca; però questi rossi bagliori non sono un tramonto minaccioso, ma sono un'alba di promesse.

I.

Le acque pubbliche e l'industria.

Nella relazione che precede il regio decreto dell'11 giugno 1889 i ministri relatori, a proposito del regime delle acque pubbliche, si esprimevano così:

« Più volte è stato espresso il voto che nuove disposizioni legislative vengano a disciplinare in modo più rispondente alle esigenze dei nuovi tempi, opportunamente integrando la vigente legge 10 agosto 1884, n. 2744, l'importante materia delle concessioni di acque di pubblico demanio.

« È pur manifesto intendimento del Governo di provvedere a che sia impresso maggiore, ma insieme più ordinato impulso, al razionale impiego delle acque pubbliche, sia nei riguardi della industria e dell'agricoltura, fattori precipui di benessere per l'economia nazionale, sia nei riguardi dei non meno importanti servizi e bisogni dello Stato. Con che dovrebbero pure esser regolati, con eque norme, i casi non infrequenti, in cui si abbia conflitto tra i privati interessi e quelli dello Stato medesimo, specialmente in rapporto al servizio delle ferrovie, pel quale già trovansi in corso avanzato studi e progetti a scopo di trasformarne l'attuale sistema di trazione mercè le forze idroelettriche, ricavabili dai nostri pubblici corsi d'acqua.

« Ma in attesa che la complessa riforma dell'ordinamento vigente sia un fatto compiuto, parve ai riferenti, più che necessario, urgente avvisare ai mezzi, anche transitorii, di porre il Governo in condizione, quando l'accennato conflitto si manifesti, o quando speciali e gravi motivi lo impongano, di statuire a ragion veduta sulla ammissibilità o meno di quelle domande di derivazione, concernenti tronchi fluviali od altri bacini d'acqua pubblica, dai quali si preveda con fondamento una migliore utilizzazione a scopo agricolo od industriale, o l'impiego indispensabile per servizio pubblico o per bisogni dello Stato.

« È noto che, per la legge in vigore, nulla vieta all'autorità governativa, investita della facoltà di provvedere in materia di concessioni d'acqua, di respingere quelle domande di derivazione, al cui accoglimento essa ritenga ostare gravi motivi di pubblico interesse. Tuttavia, per circondare di più ampie garanzie il suo giudizio in materia, fu di recente consigliato d'introdurre nell'organismo della legge

10 agosto 1884 un sistema di permanente esame delle varie domande in confronto coi bisogni pubblici, e di questi bisogni estrinsecati in speciali progetti, istituendo a tal uopo una Commissione di eminenti funzionari, versati nelle discipline della specie, ed incaricati di vagliare domande e progetti e proporre volta per volta al ministro dei lavori pubblici i criteri informatori dei provvedimenti di sua attribuzione.

« Stimano i riferenti che l'istituire sin d'ora tale Commissione, non ostandovi la legge attuale, possa tornare sommamente profittevole; tanto più che da qualche tempo, delineatosi appena il concetto di trasformazione della trazione ferroviaria, la richiesta di concessioni d'acque pubbliche è considerevolmente cresciuta. È quindi di massima importanza che sia iniziato, e presto, un controllo comparativo fra il pubblico servizio ed interesse e le esigenze dell'industria privata ».

.·.

Ma, come risulta dagli Atti della Commissione istituita si procede ancora senza criterio.

Non esiste una statistica delle concessioni di acque pubbliche non gravate da canone a favore dello Stato. Ma per le concessioni a titolo oneroso la Divisione dell'industria e del commercio dà le seguenti notizie.

« Queste ultime furono divise in categorie, a seconda che sono o no destinate a sviluppare forza motrice. Qui si trascurano, naturalmente, le notizie raccolte rispetto a quelle concessioni d'acque pubbliche gravate da canone, che non sono adoperate per generare forza motrice.

« Le concessioni di acque a scopo di produrre forza motrice erano, al 1° gennaio 1899, in numero di 2919, cioè 2791 per usi industriali, 36 per usi domestici e civili e 92 per usi misti.

« Gli elementi principali di tali concessioni sono la portata e la forza motrice, ad eccezione delle concessioni senza derivazione, come i motori natanti, per le quali evidentemente manca la portata. Non sempre però gli Uffici provinciali sono stati in grado di dare le dette due notizie, e per ciò si sono tenute separate le concessioni per le quali si sono avuti dati completi, da quelle di cui si conosce solamente la portata, oppure la sola forza sviluppata, oppure mancano l'uno e l'altro di questi due elementi.

« Di 1699 concessioni si conoscono la portata e l'effetto utile: la prima è di moduli 12,683.56 (equivalenti a litri 1,268,356); il secondo di cavalli vapore 500,003.73, tenendo sempre conto del massimo della forza di cui è capace ogni concessione. Di 97 concessioni si ha notizia della sola portata, che è complessivamente di moduli 2,889.92; e di 296 concessioni si conosce solamente la forza sviluppata, che è di cavalli-vapore 2,243.61. Di 827 concessioni poi si ignorano i detti due dati principali. In conclusione, adunque, per 1995 si conosce quale sia la forza complessivamente sviluppata, che si misura in cavalli-vapore 203,238.36. Per le altre 924 non si è avuta la notizia della forza, nè si può desumerla dai canoni che si pagano allo Stato, essendo questi commisurati in base a leggi diverse, e spesso tenendo conto della durata delle magre e delle piene dei corsi d'acqua, dai quali traggono origine le concessioni. Si può però ammettere, con approssimazione, che la forza media sviluppata da ciascuna di queste concessioni si mantenga uguale a quella media osservata nelle concessioni, delle quali si hanno tutte le notizie principali. In base a tali ipotesi, si può ritenere che dalle 924 concessioni sia tratta una forza di circa 94 mila cavalli-vapore. In totale adunque le concessioni, soggette a canone, sviluppavano, a 1º gennaio 1899, complessivamente una forza di 300,000 cavalli-vapore circa ».

**

Il professore Guglielmo Mengarini, nella relazione che precede le *Notizie statistiche sugli impianti elettrici esistenti in Italia*, ecc., così si esprime: « Il fugace sguardo che abbiamo dato alla storia dello svolgimento delle industrie elettriche, in Italia ci mostra la parte primaria che il nostro paese ha avuto, ed ha tuttora, nel segnare la via del progresso delle applicazioni elettriche, sopratutto per quel che riguarda le distribuzioni di energia dalle stazioni centrali, i grandi trasporti di forze a distanza, la trazione elettrica sulle ferrovie.

« Le classificazioni e le cifre poi che diamo qui appresso dimostrano che se pur non siamo oggi i primi per la somma delle forze a vapore, a gas ed idrauliche, dedicate alle industrie elettriche, teniamo sempre un posto assai elevato ed abbiamo impianti che sono oggetto di ammirazione e di studio da parte del mondo intiero.

« L'elettricità è divenuta il nostro prezioso alleato soppiantando le macchine termiche in molte industrie, che per l'alto prezzo cui giunge il carbone avrebbero avuto vita poco rigogliosa o non avrebbero potuto nascere : inoltre ha permesso un'economica e conveniente utilizzazione di combustibili che svantaggio-amente si sarebbero potuti in altro modo utilizzare.

« La nostra statistica non giunge che all'anno 1898, e solo in questo cenno storico diamo qualche nota sugli impianti sorti nel 1899 e sui primi del 1900. Ma questo basta per mostrare una febbrile attività nello sviluppare gli impianti esistenti, nel crearne dei nuovi, nel dar vita a nuove industrie. Ci troviamo adunque in un periodo di pieno sviluppo e di continuo progresso, e ciò fa bene sperare per la patria nostra, che vede nell'aumento del lavoro, l'aumento dele'e fonti della ricchezza nazionale ».

II.

Il proletariato accademico.

La relazione parlamentare sul disegno di legge sull'*Autonomia delle Università, istituti e scuole superiori nel Regno*, presentata alla Camera dei deputati nella seduta del 19 novembre 1898, conteneva un'appendice importantissima, redatta a cura del Bodio e relativa al rapporto fra il numero delle lauree e dei diplomi conferiti dalle Università, e il numero dei posti annualmente disponibili in alcune carriere. Quelle considerazioni vanno riportate integralmente:

Nei seguenti prospetti si danno le cifre delle persone che esercitano una professione per la quale è richiesto un titolo accademico oppure un diploma di Istituto superiore.

Per ognuna di queste professioni sono calcolate le perdite che avvengono in media ogni anno pei fatti delle morti, dell'inabilità per vecchiaia, o (trattandosi di pubblici funzionari) di collocamento a riposo. A queste perdite si contrappongono le nuove ammissioni all'esercizio della professione per lauree e diplomi conferiti dalle Università e da altri Istituti superiori.

Occorre anzitutto determinare la media mortalità degli avvocati, dei medici, degli ingegneri, ecc., i quali si distribuiscono fra tutte le età, da 25 anni in su. Secondo le tavole generali della mortalità della popolazione del Regno, gli uomini di qualsiasi professione, da 25 anni in su, muoiono in ragione di 22,5 per mille. Ora, siccome i laureati sono in condizioni economiche e di cultura superiori a quelle della media generale della popolazione, è da ritenersi che la mortalità fra essi sia alquanto minore del quoziente ora indicato; e noi supponiamo che si riduca a 20 per mille viventi nelle rispettive professioni.

Inoltre, supponiamo che vi sia una perdita annuale di 5 per mille pel fatto che un certo numero di esercenti professioni liberali cessano di lavorare per avanzata età, o per invalidità o per altro motivo.

La perdita annua di 25 per mille, per morte o per invalidità, vale per le persone laureate che non sono stipendiate dallo Stato. Nel gruppo degl'impiegati le perdite sono alquanto maggiori, a cagione dei collocamenti a riposo di persone che sono ancora valide al lavoro.

Per questo gruppo si è calcolato che le perdite annuali causate dalla morte siano in ragione di 10 per mille, avuto riguardo al quoziente di mortalità dei maschi di qualsiasi professione in età fra 25 e 60 anni, che è di 11 per mille. Per i collocamenti a riposo si è calcolata una

perdita di 20 per mille, la quale si ha nell'intiera classe degli impiegati governativi di concetto. La perdita complessiva negli impiegati
sarebbe così del 80 per mille.

In un calcolo del fabbisogno annuale di persone munite di laurea
o diplomi di studi superiori, si sarebbe dovuto tener conto anche del-
l'aumento medio annuale della popolazione. Per mantenere invariata
la proporzione che esiste attualmente fra il numero degli avvocati,
dei medici, ecc., e quello della popolazione, non basta che le perdite
siano compensate da un numero eguale di nuovi laureati; ma questi
dovrebbero superare ogni anno il numero dei defunti in una ragione
almeno del 6 per mille.

Ma siccome il numero degli esercenti professioni liberali e dei laureati impiegati nelle pubbliche amministrazioni è già molto alto in
Italia, in confronto a ciò che si osserva negli altri grandi Stati di
Europa, così nel nostro calcolo si è fatta astrazione dall'aumento della
popolazione.

1° — Laureati in legge.

Da un esame dei ruoli delle Amministrazioni pubbliche e da osservazioni fatte nella composizione del personale di parecchie grandi
Amministrazioni private, si è potuto mettere insieme il seguente calcolo approssimativo del numero dei laureati in legge che hanno sta-
bile collocamento in esse. Tale numero sarebbe di 8200, distribuiti
come segue :

1° Amministrazioni dello Stato :

a) Magistratura (Preture, Tribunali civili e penali, Corti d'ap-
pello e di cassazione, Tribunali militari) 4665

b) Pubblica istruzione ed altre amministrazioni dello Stato 8135

In complesso . . . 7800

2° Altre Amministrazioni (Casa Reale, Società di navigazione, Società di assicurazione, Banche di emissione, Banche di
credito ordinario, Opere pie, Amministrazioni private). . . . 400

Secondo l'Annuario del Ministero di grazia e giustizia per l'anno
1891-92, il numero degli iscritti come avvocati e procuratori è di circa
10,000. Fra questi 10,000 iscritti ve ne sono alcuni già classificati fra
gli impiegati dello Stato, come professori universitari, ed altri che
cumulano la professione di avvocato con quella di impiegato di amministrazione privata. Ma questi non sono molti; d'altra parte non
sono compresi nel calcolo alcuni dottori in legge impiegati nelle Amministrazioni provinciali e comunali.

Si può perciò approssimativamente ritenere che esercitino la professione libera o siano impiegati in varie Amministrazioni 18,200 laureati in legge.

La perdita annuale per morte o per invalidità, calcolata nel modo sopra indicato, sopra i 10,400 avvocati ed impiegati di Amministrazioni private, sarebbe di 260

Rispetto ai 7800 magistrati ed impiegati di Amministrazioni pubbliche, aventi diritto a pensione, la perdita sarebbe di . . 234

In complesso . . . 494

o in cifra tonda di 500.

Confrontiamo questa cifra, che rappresenta l'annuale fabbisogno di persone addottorate in legge, col numero delle lauree conferite.

Anni	Laureati
1887-88	970
1888-89	987
1889-90	966
1890-91	968
1891-92	1052
1893-94	1243
1894-95	1102
1895-96	1275

La media annuale del periodo 1888-96 è di 1070 laureati, ai quali si contrappone una perdita di 500; vale a dire che la produzione annuale è più che doppia della perdita annuale.

2° — Professioni sanitarie (1).

a) *Medici e chirurghi.*

Secondo gli elenchi del personale sanitario, che vengono pubblicati dagli uffici di Prefettura, esercitavano la professione, nell'anno 1892,

(1) **Quadro statistico dei laureati e forniti di diploma.**

Anno scolastico	Medici e chirurghi *(a)*	Veterinari	Farmacisti	Levatrici
1887-88	846	83	300	365
1888-89	874	95	310	350
1889-90	913	73	332	509
1890-91	950	79	300	567
1891-92	948	76	306	609
1892-93	—	—	—	—
1893-94	941	86	279	684
1894-95	954	83	327	722
1895-96	959	117	346	641

(a) Non sono compresi in questa colonna i diplomi in flebotomia e odontoiatria.

16,501 medichi e chirurgi, 1977 autorizzati all'esercizio della sola medicina e 642 autorizzati all'esercizio della sola chirurgia; in tutto, medici e chirurghi borghesi 19.120. Dal 1892 in poi il numero è cresciuto perchè le cifre dei nuovi laureati superano ogni anno quelle dei morti, e si può calcolare che ve ne siano attualmente circa 20,000

Di più, i ruoli organici dei Ministeri della guerra e della marina indicano per l'armata medici   757

Totale . . . 20,757

Un certo numero di dottori in medicina e chirurgia trova occupazione in alcuni rami dell'amministrazione pubblica, specialmente nella sanità pubblica (medici provinciali, ufficiali sanitari comunali e direttori di laboratori scientifici sanitari) e nello insegnamento universitario. Ma siccome la massima parte di questi dottori sono iscritti anche nei ruoli provinciali degli esercenti la professione di medico, e d'altra parte parecchi medici militari si fanno pure iscrivere nei ruoli provinciali per poter esercitare la professione nel Comune in cui risiedono, così si può ritenere che i dottori in medicina e chirurgia non possono essere più del suddetto numero.

Ragguagliati alla popolazione, si contano in media 66 medici ogni 100,000 abitanti, e questa proporzione è superiore a quelle osservate nella massima parte degli Stati d'Europa.

Le perdite per morte e per invalidità (calcolate, come si è detto, in ragione di 25 per mille) ammontano ogni anno a 497, e in cifra tonda a 500 (1).

I laureati in medicina e chirurgia dalle Facoltà universitarie e dall'Istituto superiore di Firenze, come risulta dal prospetto dato nella pagina precedente, nel periodo 1888-96, sono stati in media 928 all'anno, mentre la perdita annuale fu di soli 500. Vi è dunque una produzione molto superiore al bisogno, e l'eccedenza cresce d'anno in anno, poichè, mentre i laureati nell'anno 1882 erano stati 540, nel 1885 furono 717, nel 1890, 913, nel 1894, 941, e nel 1896, 995.

b) Farmacisti.

Nel 1892 esercitavano questa professione:

Farmacisti . . . . N. 10,941
Bassi farmacisti . . . . »   172
Assistenti farmacisti . . . . » 1,392

Totale . . . N. 12,505

---

(1) Dalla statistica del movimento dello stato civile si rileva che nel 1896 morirono 563 fra medici, chirurghi veterinari e flebotomi, e nel 1897 ne morirono 548. Questo dato diretto conferma che la perdita per soli medici e chirurghi non deve scostarsi molto dai 500 all'anno.

La cifra di 12,505 farmacisti corrisponde ad una media di 41 ogni 100,000 abitanti.

La perdita media annuale per morte e per invalidità, calcolata in ragione di 25 per mille, risulta di 313.

Dal prospetto dato più sopra si scorge che, nel periodo 1888-96 ottennero in media ogni anno la laurea oppure il diploma di farmacista 312 giovani, cioè un numero quasi eguale alle perdite.

Peraltro è da ricordare che un certo numero di posti da farmacisti sono occupati da persone non munite di regolare diploma, e che, secondo l'inchiesta fatta nel 1885, sopra il totale di 8257 Comuni, 8581 erano sprovvisti di farmacia. Mancano notizie più recenti in proposito.

c) *Veterinari.*

Secondo i ruoli del personale sanitario, compilati dagli uffici di prefettura, nel 1892 esercitavano questa professione :

Veterinari . . . . N. 2307

Bassi veterinari . . . . » 106

Totale . . . N. 2413

Vi sono pure i veterinari dell'esercito; ma siccome questi, per massima parte sono inscritti nei registri tenuti dagli uffici di Prefettura, per poter esercitare privatamente la professione, così si può ritenere che il numero totale dei veterinari nel Regno sia di circa 2500.

Le perdite annuali per morte o per invalidità, calcolate alla ragione del 25 per 1000, arrivano a 63.

Dal riferito prospetto risulta che nel periodo 1888-96 ottennero in media ogni anno il diploma di veterinario 86 giovani.

Questo numero non è soverchio, poichè, secondo indagini fatte alla Direzione della sanità nel 1892, sopra 8257 Comuni, soltanto 1734 avevano provveduto al servizio delle condotte veterinarie.

d) *Levatrici.*

Secondo i ruoli del personale sanitario pubblicati dagli uffici di Prefettura, esercitavano la professione, nel 1892, 10,248 levatrici.

Esse erano nella proporzione di 33 ogni 100.000 abitanti.

Le perdite per morte e per invalidità, calcolate come per le professioni prese finora in esame, in ragione di 25 per 1000 ogni anno, sarebbero 256.

Dal prospetto dato più sopra si rileva che nel periodo 1888-96 ottennero in media ogni anno il diploma di levatrice 556 persone, cioè un numero maggiore del doppio di quello che rappresenta la perdita annuale. Conviene però avvertire che la cifra delle levatrici in rapporto alla popolazione è bassa in confronto a quella che si ha in altri Stati. Per esempio, nell'impero germanico se ne contano 75 ogni 100,000 abitanti; in Austria 74, in Svezia 52, mentre in Italia sono, come si è visto, nel rapporto di 33 ogni 100,000 abitanti.

Al 31 dicembre 1889, secondo ricerche fatte dalla Direzione della sanità, 3338 Comuni non provvedevano al servizio ostetrico. Di più, parecchie fra le persone che esercitano l'ostetricia, sopratutto nelle campagne, non hanno frequentato un corso regolare di studi, nè ottenuto diploma da una Facoltà, ma sono state autorizzate semplicemente con Decreto prefettizio, in mancanza di altro personale più adatto.

3° — Ingegneri.

I giovani che ottengono il diploma d'ingegnere trovano collocamento in parecchi uffici tecnici o ricorrono alla professione libera.

Il numero di costoro si può determinare in parte consultando i ruoli organici di varii pubblici uffici, ed in parte per via di congetture, come segue :

1° Uffici governativi (escluso l'insegnamento):

Servizio tecnico 939
Id. amministrativo 200
                                                  —————
                                                  1139

2° Insegnamento :

Ginnasi, licei, scuole tecniche, Istituti nautici, Università, Scuole d'applicazione per gl'ingegneri, altri Istituti . . 1178

3° Amministrazioni provinciali e comunali, per lavori di bonifiche, strade comunali obbligatorie, condotte d'acqua, gas e luce elettrica, ecc 1368

4° Mezzi di trasporto e di comunicazione, cioè ferrovie, tramvie, omnibus e telefoni 1395

5° Credito fondiario, assicurazioni, ecc.:

Credito fondiario 60
Assicurazioni contro gl'incendi 30
                                           ————
                                           90

6° Stabilimenti privati di miniere, industrie metallurgiche, alimentari, tessili, cartiere e via dicendo, secondo calcoli approssimativi basati sul numero e sull'importanza degli opifici privati 1580

Il censimento del 31 dicembre 1881 ha dato per tutto il Regno 9708 ingegneri e 1175 architetti; totale 10,883. E questa cifra è certamente ingrossata da un certo numero di geometri e capimastri, che nella scheda di censimento si chiamarono abusivamente ingegneri od architetti. Ma riflettendo che sono trascorsi 17 anni dalla data del censimento, se deduciamo quelli che hanno un titolo abusivo, crediamo di non restare al disotto del vero supponendo che vi siano 11,000 fra ingegneri ed architetti. Sottraendo da questo numero 6750 addetti a servizi speciali, come sopra, restano 4250 che esercitano la professione libera. I disoccupati devono essere molti in questo numero. La crisi edilizia e la diminuzione dei grandi lavori pubblici lasciano inoperosi molti ingegneri, mentre sono pochi, al paragone, coloro che possono trovare impiego in alcune nuove industrie, come l'elettrotecnica.

Si hanno adunque, in complesso, 11,000 ingegneri ed architetti, dei quali circa 5000 sono impiegati di amministrazioni pubbliche, o professori, o addetti al servizio ferroviario, e gli altri 6000 sono liberi esercenti o impiegati di amministrazioni private.

Fra i primi le perdite per morte o per collocamento a riposo si possono calcolare in ragione di 30 per 1000 ogni anno, e nella cifra complessiva di 5000 sarebbero rappresentate da 150

Fra i secondi le perdite per morte o per inabilità si possono calcolare in ragione di 25 per 1000 all'anno, e nella cifra di 6000 sarebbero di 150

In complesso la perdita annuale sarebbe di 300

Nel seguente prospetto è indicato il numero degli architetti ed ingegneri che conseguirono il diploma nelle Scuole d'applicazione ed affini.

Anno scolastico	Architetti e ingegneri
1887-88	372
1888-89	304
1889-90	308
1890-91	331
1891-92	371
1893-94	403
1894-95	383
1895-96	376

La media degli anni decorsi dal 1888 al 1896 è di 356. Si presentano in media ogni anno 356 giovani muniti di diploma di ingegnere o di architetto per coprire 300 posti; molti dei quali sono lasciati liberi da persone che assumevano abusivamente il titolo di ingegnere.

4° — Laureati in lettere e filosofia.

I laureati in lettere e filosofia trovano collocamento negli Istituti di istruzione pubblica e privata, e, in piccola parte, anche nel Ministero dell'istruzione e nelle amministrazioni scolastiche provinciali.

Nel seguente quadro sono indicati i posti ai quali possono aspirare i laureati in lettere e quelli in filosofia, e finalmente i posti a cui possono aspirare indistintamente coloro che sono muniti dell'una e dell'altra laurea, tanto presso gli Istituti governativi, come presso gli Istituti pareggiati.

AMMINISTRAZIONI E SCUOLE	Posti a cui possono concorrere i laureati in		
	Lettere	Filosofia	Lettere e Filosofia
Amministrazione dell'istruzione:			
Amministrazione centrale	—	—	25
Amministrazione provinciale scolastica	—	—	75
Biblioteche e Musei	—	—	60
Insegnamento classico:			
Ginnasi - Professori e Direttori . .	1269	—	—
Licei. . . . . . . ⟨ Professori	405	135	—
⟨ Presidi .	—	—	75
Università	100	54	—
Istituto di studi superiori in Firenze	10	2	—
Accademia scientifica letter. di Milano	8	4	—
Scuole superiori di commercio di Bari, Genova, Venezia	6	—	—
Insegnamento tecnico:			
Scuole tecniche . . . ⟨ Professori	544	—	—
⟨ Direttori.	—	—	104
Istituti tecnici - Professori	146	—	—
Istituti nautici - Professori	40	—	—
Presidi di Istituti tecnici e nautici .	—	—	30
Scuole normali:			
Superiori . . . . . ⟨ Direttori.	—	—	53
⟨ Professori	190	—	—
Inferiori . . . . . ⟨ Direttori.	—	—	10
⟨ Professori	—	6	—
Scuola normale superiore di Pisa . .	—	—	1
Istituti di magistero - Femminili di Firenze e Roma	3	1	—
Educatorii femminili	12	3	—
	2733	205	433

Sono dunque 2733 posti riserbati ai laureati in lettere, 205 quelli pei laureati in filosofia, 433 quelli a cui possono aspirare indistintamente i laureati in lettere e in filosofia. In complesso 3371.

Applicando ad essi il quoziente del 30 per mille, per mortalità e per collocamenti a riposo, sono 100 circa i posti disponibili ogni anno.

Nel seguente prospetto è dato il numero dei laureati in lettere e filosofia presso le Università e gli Istituti superiori del Regno.

| ANNI | LAUREATI IN | | | |
	Lettere	Filosofia	Lettere e filosofia	Totale
1887-88	112	13	14	139
1888-89	76	11	25	112
1889-90	101	10	29	140
1890-91	112	16	22	150
1891-92	171	14	29	214
1893-94	167	15	24	206
1894-95	169	25	31	225
1895-96	171	17	28	216

La media dei laureati in lettere e filosofia nel periodo 1888-96 è di 175, in confronto alle perdite annuali che sono un centinaio.

Si avrebbe quindi anche per queste professioni una eccedenza di laureati. Pochi anni addietro si verificava quasi il pareggio tra l'offerta e la domanda.

È però da notarsi che i laureati i quali eccedono il bisogno degli Istituti governativi e pareggiati, trovano collocamento in Istituti non pareggiati, i quali crescono di numero, e fino a questi ultimi anni si dovettero contentare, per gran parte, di professori senza laurea.

Diamo per ultimo un prospetto riassuntivo delle lauree o diplomi rilasciati da tutte le Università ed Istituti superiori speciali.

Numero delle lauree e diplomi rilasciati negli anni dal 1882 al 1894.

ANNI	Università e corsi universitari annessi ai licei	Istituti superiori	Scuole superiori speciali	Totale	Aumento per cento annuale nel numero delle persone che conseguirono laurea o diploma
1881-82	2,210	415	44	2,669	3.0
1882-83	2,272	374	55	2,701	1.2
1883-84	2,339	395	58	2,792	3.3
1884-85	2,565	315	90	2,970	6.4
1885-86	2,679	418	70	3,167	6.6
1886-87	2,804	427	71	3,300	4.2
1887-88	2,992	484	107	3,583	8.5
1888-89	2,966	446	164	3,576	0.2
1889-90	3,208	430	98	3,736	4 4
1890-91	3,405	418	125	3,948	5.6
1891-92	3,544	483	138	4,165	5.5
1893-94	3,757	546	95	4,398	5.6
1894-95	3,880	547	100	4,527	3 0
1895-96	3,976	584	97	4,657	2.9

In questa tavola sono compresi i diplomi rilasciati per procuratore e notaio, come pure i diplomi rilasciati alle levatrici provenienti dalle scuole speciali.

Dal 1882 al 1896 vi fu un aumento medio annuale di 42 per mille nel numero delle persone alle quali fu conferita una laurea universitaria oppure un diploma da un Istituto superiore.

Mettiamo a confronto il dato così ottenuto coll'aumento della popolazione nel medesimo tempo. Siccome dopo il 1881 non fu un nuovo censimento, abbiamo supposto che la popolazione sia cresciuta d'anno in anno, dopo il 1881, nella stessa proporzione in cui era aumentata fra i due censimenti del 1871 e del 1881; il quale aumento si era trovato essere del 6.2 per mille all'anno. Ammessa questa ipotesi, mentre la popolazione dal 1882 al 1896 è cresciuta in media ogni anno di 6.2 per mille, il numero dei laureati e di quelli che hanno avuto un diploma sarebbe cresciuto in media nello stesso periodo di tempo di 42 per mille all'anno; cioè l'aumento delle persone laureate o munite di diploma di Istituto superiore, nel periodo 1882-96, è stato approssimativamente *sette volte maggiore* del corrispondente aumento della popolazione.

**

Negli ultimi cinque anni la situazione si è venuta ancora ad aggravare, poichè gli iscritti nelle Università e negli Istituti superiori sono in continuo aumento.

III.

Lo sviluppo economico e industriale dell'Italia.

Molti studi sono stati pubblicati negli ultimi anni all'estero sull'Italia e quasi tutti si accordano nel riconoscerne lo sviluppo.

C. Loiseau in un sereno saggio pubblicato nella *Revue de Paris* del 15 gennaio e del 1º febbraio 1901 su *La renaissance économique de l'Italie*, così conchiudeva le sue ricerche: La prima conclusione che vien fuori da questo prospetto delle condizioni economiche dell'Italia fa fronte ad un pregiudizio corrente. Se si concedono, infatti, al popolo italiano, o piuttosto a qualcuna delle razze che lo costituiscono, delle qualità di sobrietà, di tolleranza e di lavoro, gli si rifiuta, generalmente, il senso degli affari; non lo si stima nè « pratico » nè « intraprendente ». La sua opera, da trent'anni in qua, dà una smentita a questo giudizio sommario.

L'Italia prima dell'unità non poteva iscrivere nel suo bilancio che delle buone tradizioni agricole e industriali, inegualmente ripartite, assai sparpagliate sopratutto nelle regioni del centro e del mezzogiorno; una posizione geografica vantaggiosa, tra il Mediterraneo e l'Europa centrale, ma che grandi sforzi solo potevano mettere in valore; un sangue e dei costumi atti a sostenere la progressione della natalità, cioè una forza che permette di predire favorevolmente dell'avvenire, ma che non lascia di cagionare alcune preoccupazioni passeggiere al legislatore. In fondo, elementi seri di progresso economico, ma che bisognava una aspirazione riflessa verso questo progresso per far fruttificare. Bisognava altresì la vitalità e la perseveranza che sole possono superare gli ostacoli.

Ce n'erano dei naturali: la povertà del paese in miniere e sopratutto in carbon fossile; — storici: l'inuguaglianza di preparazione, nel Nord e nel Sud, a profittare dei vantaggi materiali del regime centralista; — politici: una nazione nata ieri, e che cerca la sua via, non è essa portata, precisamente, a dare più tempo alla politica che agli affari? — finanziari infine, e l erano i più gravi: debito opprimente, rarità di numerario, prezzo alto del credito, inesperienza e timidità del capitale. Dal punto di partenza al punto attuale della sua evoluzione, si è potuto giudicare, da queste pagine, della carriera percorsa dal popolo italiano. E, se si osserva che esso è stato potentemente aiutato, portato persino, in qualche modo, dalla spinta industriale, riconosciamo che è ancora un merito di avere saputo provocare dalla civiltà ambiente, sotto forma di insegnamenti, di esperienza tecnica, sia pure di capitali, una specie di restituzione di ciò che dovette all'Italia l'Europa dei secoli XV e XVI.

Questa è la parte degli sforzi individuali, che, totalizzati, costituiscono il progresso preciso del paese. Si è voluto opporre il paese allo Stato, riservando a questo tutte le critiche, concedendo a quello — poichè era necessario — qualche elogio. È molto ardito di rappresentare, all'epoca nostra, un paese parlamentare come ostinato, contro i suoi interessi, nella sua fedeltà ad una cattiva forma o a un cattivo spirito di governo; tutt'al più, se si ostina, bisognerebbe concedere che esso teme un governo peggiore — ed ecco proprio l'ipotesi su cui si affrettano a scivolare i detrattori dell'Italia costituzionale.

In realtà, se questo paese si è formato della sua missione e del suo grado tra le Potenze, un'idea prematuramente alta; se ne è risultato una specie di *surmenage* fiscale, doloroso specialmente alle classi povere; se le basi del credito nazionale non sono ancora rinsaldate, è perchè in fondo Stato e nazione hanno dovuto fare in trent'anni la stessa scuola. È una questione assai sottile sapere quale dei due avrebbe dovuto preceder l'altro nello studio di certe riforme sociali, oggi pressanti; quale avrebbe dovuto avvertir l'altro, vent'anni or sono, degli scogli di una politica necessariamente onerosa. Insomma, i frutti dell'esperienza non hanno ora che a maturare su un suolo preparato per un lavoro comune. — E anche, se è giusto di rilevare qui una conquista del senso attivo e pratico sul « vecchio uomo » italiano, artista, leggero, un po' indolente, riconosciamo che l'unità fu, di questa rinnovazione, un fattore psicologico di primo ordine ».

*
* *

Tutti gl'indici che noi possediamo indicano un vivace risveglio di energie industriali. I calcoli fatti dalla Direzione di statistica coincidono perfettamente con quelli della Direzione della industria.

Fra i tanti indici vanno tenuti presenti:

a) l'aumento del *consumo dei combustibili fossili* importati o prodotti nel regno; il valore di essi è passato da 116 milioni nel 1887 a 178 milioni nel 1898;

b) l'aumento della *forza motrice impiegata* nella industria e nell'agricoltura. Il numero delle caldaie a vapore dal 1894 al 1899 è passato da 17.365 a 21.725 con un aumento di forza motrice di 21.429, e con un aumento percentuale della superficie di riscaldamento del 30,72 °/₀;

c) l'aumento rapido di *impianti idroelettrici.* Alla fine del 1898 esistevano già 878 impianti per forza motrice idraulica con una potenza dei generatori di 40.440 kw. oltre quelli con forza motrice a vapore o insieme a vapore e idraulica;

d) il mutato carattere della nostra esportazione, dove tendono a svilupparsi rapidamente i prodotti manufatti;

e) l'aumento continuo dei prodotti di esercizio delle ferrovie;

f) il continuo e rapido sviluppo postale: il movimento delle lettere è passato da 111 milioni nel 1887-88 a 156, e quello delle cartoline da 39 milioni a 69;

g) l'aumento continuo delle società industriali per azioni. Il numero delle società nazionali è passato dal 1883 al 1897 da 304 a 513 e il capitale versato da 644 milioni a 1253; e quello delle società estere da 79 a 147, con un aumento di capitale versato da 379 a 548 milioni. L'aumento del numero delle cooperative è stato notevole. Esse sono passate da 39 a 1251, con un aumento di capitale da 2,9 a 25,6;

h) l'aumento continuo del risparmio nazionale, non ostante il riscatto di parte notevole del consolidato;

i) l'aumento rapido dei depositi presso le istituzioni di credito e di previdenza.

Anche altri dati minori sono concordi nell'indicare un risveglio industriale e agricolo dell'Italia.

La trasformazione agraria che si è compiuta non può essere giudicata dai dati forniti dalla statistica; ma ciò che scrivono i giornali e le riviste speciali indica una trasformazione profonda e relativamente rapida. Sopra tutto nell'Italia del Nord la trasformazione è stata generalmente rapida, e tendono a prevalere ogni giorno metodi più industriali di cultura.

INDICE DEL VOLUME

APPENDICI

Appendici al Discorso quarto.

Lightning Source UK Ltd.
Milton Keynes UK
UKHW051123020921
389909UK00009B/564

9 781145 212749